解剖谎言

测谎师办案手记

张坤 著

中国法制出版社
CHINA LEGAL PUBLISHING HOUSE

序

一次研究生读书会上，如何培养犯罪心理学专业研究生，成了大家热议的话题。

老话重谈的缘起，是当下犯罪心理学领域，或者说我们中国政法大学的犯罪心理学教学，仍然没有在学生培养的问题上，解决理论学习与实践深入的平衡问题。中国政法大学心理学的研究生培养，拥有全国唯一的犯罪心理学专业，但从这里毕业的学生，却少有进入政法部门等犯罪心理学理论与方法应用最为广泛的领域。司法考试常常成为横亘在理科生面前的大山，而少数通过努力进入政法系统的毕业生，又因工作繁重、适应期长而很难保持曾经激励他们学生时代孜孜以求的学术兴趣。

培养的学生无法从事自己擅长的专业，既难以检验我们的培养效果，又降低了这门学科本应在司法实践中具有的价值，也在发展的层面限制了犯罪心理学事业整体的前进步伐。

20世纪80年代到90年代，十多年的时间里，在全国政法系统，学习犯罪心理学曾经成为一股热潮。由我的老师、中国犯罪心理学科的主要奠基人罗大华教授担任主编，群众出版社出版的《犯罪心理学》教材一版再版，曾经有过洛阳纸贵的辉煌。而当时无论是理论研究还是实践应用的生力军，主要是工作在政法系统第一线的普通民警、法官、检察官与司法警察。一线有需要，后方有动力，大量具有应用性价值的专著、译著、文集、论文、调研报告如雨后春笋，推动了中国当代犯罪心理学事业的迅猛发展。

从2010年至今，犯罪心理学开始了有根基的发展，基础理论研究得到重视，根深而叶茂；少数几个具有技术含量，要由具备专门知识的人从事的如罪犯心理评估、测谎、司法人员心理健康等领域，也已经取得了长足发展。但令我焦虑的是，由一线司法工作者生产的、操作性强的、具有普及性与指导性的著作已经落后于20世纪80年代的水平。很重要的一个原因在于，他们不缺少实践经验，但缺少对心理学深层机理的知识与方法掌握。

喜出望外，读书会结束当晚，张坤将他的新作发给了我，惆怅的情绪豁然开朗。

张坤是我培养的硕士研究生，内秀、踏实、乐于探究和创新是我对他的评价。给他贴上太多褒奖的标签似乎有些自我炫耀，但这本新书将带给读者的赏心悦目，足以说明一个才走出校门三年的年轻检察官所具有的水平。从他身上，我看到了从罗大华老师那一代算起，我们师门三代人不懈努力的影子，也看到了犯罪心理学后生可畏的希望。

本书是张坤将所学知识运用于测谎工作的思考与总结性成果。看着本书的目录，令我有仰望星空与脚踏实地浑然一体的初步印象。论断一气呵成，行文如行云流水。无意视盲、虚假自白、重复辨认、记忆重构、武器聚焦效应、基线反应、植入记忆、移置性攻击、无意识回避、刻板化陈述、自我合理化、工具性攻击，以及心理防御机制、“三我”人格理论、误导信息效应等在心理学实验室中被千锤百炼，令许多没有心理学基础的司法工作者望而却步的概念和理论，简单明了地成为本书连接实际工作的一座座桥梁。

这是一本理论书籍，它用实际案例检验了心理学高深的原理；这是一本操作手册，它将测谎工作的步骤、方法、问题及应对，用一线干警通过感性与经验即可清晰理解的语言进行了描述；这是一本探索性专著，它详细地探究了各种犯罪心理学的理论和知识在办案实践中应该如何运用的问题。

将司法实践场景作为犯罪心理学最有效果的实验室，用真正解决每一个案件的具体效果去检验理论和方法的信效度，用测谎结论对公平公正办好每一起案件的价值作为正强化物，在司法实践中体现犯罪心理学被忽略的实际价值，必将推动学术界对理论的钻研，增强我们教师培养学生的动力，提升学生积极学习的兴趣，促进犯罪心理学事业的蓬勃发展。

测谎或者说犯罪心理测试是一门科学，是关乎公平公正、司法诚信、人身权利，有时甚至是个人生命的法律科学，它不容忍半点虚假与疏忽。在这个领域，不能短视地以抓住老鼠就是好猫的功利主义为方向，而是必须在扎实理论、经验总结、应用评估、科学鉴定的基础上提炼出教科书式的标准，甚至是类似于医学诊断般的标准。这需要更多如张坤这样既有理论根基又有实践经验的探索者，以司法公正为目标，以发展犯罪心理学事业为导向，写出更多类似本书的作品。

“写这本书，语言可以通俗易懂，但内容要非常专业和严谨，必须能经得起测谎学界和实践领域的双重检验。”我为张坤的这句话点赞，也为那些在司法实践中努力尝试犯罪心理学理论与方法的同行鼓掌。还是那句话，学术是有思想的，它因参与者的创新而光彩夺目；学科是有生命的，它因后来者的传承而生生不息。

马　皑

2018年10月12日

前　言

从中国政法大学犯罪心理学系毕业至今，我一直于检察机关工作，也因此有机会，能够接触和办理各类疑难复杂的测谎案件。

我的导师马皑教授经常提到，犯罪心理学是一门实践性很强的学科。在办理一线测谎案件的过程中，我对这句话的理解也愈加深刻。

测谎，是一门有着一百多年发展历史的心理学技术，也是犯罪心理学在当前司法领域中重要的应用之一。

具体来说，测谎又可以分为狭义的测谎和广义的测谎。

狭义的测谎，即司法领域中，借助多道生理心理测试仪（即我们所俗称的“测谎仪”）所进行的标准化测谎。

首先，测谎师与接受测谎的人（在测谎领域中称之为“被测人”）针对具体案情进行细致的梳理和回顾，然后，由测谎师向被测人说明测谎的基本原理和基本程序，并针对特定的问题进行必要的“心理开发”，即“测前谈话”阶段。

接下来，测谎师将测谎仪所使用的多道生理指标传感器连接到被测人身上，然后开始依照编制好的题目向被测人进行标准化发问，即“正式测试”阶段。

这一阶段，有时也被称为“测谎仪测试”阶段或“上机测试”阶段。

在被测人回答问题的过程中，测谎仪会通过连接在被测人身上的各个传感器，迅速精确地记录下被测人皮肤电、血容量、血压、呼吸等生理指标的即时变化情况。

在发问和回答结束后，测谎师将对被测人在测谎过程中生理指标的变化数据进行精确的量化分析，明确被测人在回答各个问题时说谎的概率，即“图谱分析”阶段。

最后，测谎师将依据对被测人生理指标变化情况的量化分析结果，撰写《心理测试（测谎）检验报告》，给出最终测谎结论，即“撰写报告”阶段。

司法领域中借助测谎仪进行的测谎，对于专业性和规范性有着很高的要求。

首先，主持测谎的测谎师，以在检察机关从事测谎的测谎师为例，必须取得由最高人民检察院授予的心理测试（测谎）专业鉴定资格，才能独立进行测谎。

也正因如此，司法领域借助测谎仪进行的测谎，绝非人人均可以实施。

其次，司法领域中借助测谎仪进行的测谎，从测前谈话、问题设计、测试范式、仪器使用、波形分析到结果评估、报告撰写，都有一整套详细的操作标准和流程。

这决定了测谎师必须经过大量的专业化培训和实战积累，才有能力独立进行测谎。

需要解释的一点是，司法领域中的“测谎”技术，其实是一种通俗的叫法。更为准确的表述，应当为“心理测试”技术。

这是因为，该技术的目的，其实是在于“探查被测人的心理信息”。但是，为了方便读者理解，本书中暂用“测谎”一词进行表述。

司法领域中测谎工作的特殊性，决定了普通大众对其知之甚少，这也为测谎蒙上了一层神秘的面纱。

尽管测谎对于普通大众而言相对陌生，但事实上，在各类疑难复杂案件中，测谎正发挥着其独特的作用。

一家公司保险柜内的现金失窃，由于门窗和保险柜均未遭到破坏，因此办案人员怀疑为内部人员所为。经调查，有五个人有条件在公司其他人不知情的情况下，偷偷从保险柜内取走现金。

那么，这五个人之中，究竟谁是真正的小偷？

通过测谎，测谎师可以帮助办案人员锁定真正的作案人。

一起故意伤害案件，被害人称自己被嫌疑人打伤，嫌疑人称被害人是自己摔倒受伤。案发当时，现场并没有证人目击。

那么，被害人的伤究竟是如何形成的？

通过测谎，测谎师可以帮助办案人员判断被害人受伤的真正原因。

一名嫌疑人被抓获后，辩称自己已经把被害人的钱款汇给了一个叫“夫子”的上家，自己其实也是受害者，被这个叫“夫子”的人骗走了钱财。

那么，这个叫“夫子”的上家是否真实存在？

通过测谎，测谎师可以帮助办案人员明确“夫子”是否为嫌疑人所故意编造。

一起职务犯罪案件，办案人员在控制受贿人之后，需要明确收受贿赂金额的大致范围。

那么，如何确定受贿金额的大致范围？

通过测谎，测谎师可以帮助办案人员搜索出受贿金额的大致范围，引导下一步的侦查方向。

广义的测谎，是指包括言语内容测谎、动作姿态测谎、微表情测谎等在内的“大测谎”。

这种广义的测谎，对于测谎师的专业资格往往并无明确规定，因此，这种测谎原则上人人均可以进行，测谎的结果通常也不以检验报告的形式呈现。

本书主要立足于对司法领域使用测谎仪进行的测谎展开论述。鉴于此，书中所表述的“测谎”，所指的就是狭义上的“测谎仪测谎”。

但同时，对于广义的测谎所涉及的相关内容，本书也给予了相当程度的关注。

之所以如此，主要考虑到以下两点：

第一，广义的测谎中所涉及的许多内容，经过了心理学相关实证研究的验证，因此具备了一定程度上的可靠性，也值得我们了解和学习。

第二，在司法实践中，尽管测谎师出具测谎检验报告的依据，是来源于对被测人生理指标数据的评估分析，但在整个测谎的过程中，言语内容测谎、动作姿态测谎、微表情测谎的应用，有时会对测谎仪测谎起到重要的帮助和辅助作用。

除此以外，本书有针对性地引入了大量犯罪心理学领域的研究成果。这些研究成果来源于心理学理论，应用于测谎实践，对于测谎师办理测谎案件也会提供切实有效的帮助。

这本书的诞生，离不开许多人的帮助。感谢闫潇潇老师、唐晋老师、张国樑老师和刘菡、郭静、李阳。每一起测谎案件的顺利办理，都蕴含着集体的智慧，凝聚着大家的心血。感谢我的导师马皑教授。马老师渊博的学识和高尚的品格，是我永远的学习榜样。感谢毛书贵老师和靳跃老师。二位老师对我而言亦师亦友，对我的谆谆教导使我受益匪浅。

最后，我还要感谢本书的编辑吕静云，她的一丝不苟和辛勤付出，帮助这本书最终能够顺利与读者见面。

需要说明的是，书中所使用的案例均经过了笔者的合理改编。另外，为了能够帮助读者更好地认识和理解测谎，笔者也在书中使用了部分虚构案例以进行说明。

目 录

第一章 去伪存真：测谎之目的

第二章 慎之又慎：测谎之态度

第三章 周密逻辑：测谎之思路

第四章 不遗巨细：测谎之保障

第五章 学以致用：测谎之其他

第一章

去伪存真：测谎之目的

测谎原理：杜绝故弄玄虚

当被测人坐在测谎椅上，双眼警觉地看着测谎师时，他也许并不知道，测谎究竟是怎么一回事。

测谎师往往会先对被测人进行询问：

“知道今天安排你来这里，是要干什么吗？”

被测人往往也会迟疑地点点头，然后答道：

“知道，来做一个测谎。”

测谎师继续追问：

“你了解测谎吗？”

得到的回应，多半是被测人的摇头：

“不知道，没接触过。”

此时就会引出这样一个问题：作为测谎师，要不要将测谎的工作原理如实告知被测人？

一些人主张，应当将测谎原理进行“故弄玄虚”的处理。告知被测人的具体表达方式，像这样：

“今天我们要做的是测谎，这是测谎仪，这个仪器非常厉害，只要你今天说任何谎话，它立刻就会发现，没有人能逃得过。别的你不需要知道，你也听不明白，你只要记住，今天你说的任何谎话都会被测谎仪揭穿，就可以了。”

类似的表达方式还有这种：

“测谎仪是当今科学技术发展的最新产物，能直接观测到你内心到底在想些什么，所以你今天一定要如实回答。”

这些表达方式的相似之处，都是对测谎进行了“神秘化”的处理。

之所以进行这样的处理，理由主要有以下几个：

第一，让测谎仪和测谎师变得神秘，可以对说谎者起到极大的心理震慑作用，使他们放弃侥幸心理，如实交代自身存在的罪行。

第二，测谎仪的运作原理和测谎的基本流程是什么，测谎师明白即可，被测人不需要知道。因为，即使被测人不清楚，也不会影响到测谎的顺利进行。被测人在测谎中所要做的，就是按照测谎师的要求，一一回答问题即可。

第三，对测谎仪运作原理和测谎基本流程的讲解费时费力，有时还需要应对被测人提出的种种疑问。相比之下，不如跳过这一阶段，直接进入案件主题来得顺畅。

于是，在这种观念的指导下，测谎实践中，甚至会出现一些完全跳过测谎仪基本原理说明阶段的情况。

而对于这一问题，我认为，测谎不应故弄玄虚，而应如实相告。

并且，在必要的情况下，测谎师不仅应当如实相告，更应当详细告知。

之所以认为测谎师应当将测谎仪的运作原理如实告知被测人，原因在于，只有如实告知被测人测谎仪的基本工作原理，才能最大限度地提高测谎结果的准确度。

这，也是要如实告知被测人的根本原因所在。

大量的实验室实证研究均已表明，当被测人理解了测谎仪的基本工作原理后，与并不清楚测谎仪工作原理的被测人相比，前者接受测谎所得出结论的准确率，要显著高于后者。

认为保持测谎的“神秘化”可以对说谎者产生极大的心理震慑作用，实际上却忽视了另一个重要的问题，那就是，无辜者也同样会受到这种“神秘化”带来的负面作用。

举个例子。

某单位的保险柜失窃，经过调查，办案人员最终锁定了三名嫌疑人。因为，只有这三人，才有条件在其他人完全不知晓的情况下，取走保险柜内的现金。

这三名嫌疑人中，只有一名是真正的嫌疑人，另外两人是被错认为嫌疑人的无辜者。

由于无法确认究竟谁才是真正的作案人，于是办案人员将三名嫌疑人送到了测谎实验室。

那么问题来了，当这三人分别走进测谎室，面对测谎师接受测谎时，谁内心会紧张？谁内心不会紧张？

答案是，无论他是不是真正的作案人，内心都会紧张。

原因很简单，如果是真正的作案人，当测谎师问“保险柜失窃这件事情，与你有关吗”时，他会盘算：

“糟糕，我回答时可一定要控制自己，保持平静，不能露了马脚。”

但人的心理变化规律偏偏就是，你越想控制，越想努力保持平静，生理指标的变化反而越异常。

但如果是无辜者，当测谎师开始问“保险柜失窃这件事情，与你有关吗”时，他也会思索：

“我的天，他们一定是怀疑我了，我该怎么办？这测谎仪是怎么工作的？它是什么原理？如果弄错了，我会不会被冤进大狱？”

这一连串的想法在脑海里打转，无辜者内心也不可避免会起波动。

诚然，单纯的内心紧张，并不会对测谎的最终结果产生实质性的影响，但作为测谎师来说，完全可以通过有效措施，有意识地调控被测人的紧张状态，从而将测谎过程中出现的误差降到最低。

而一种有效的调控被测人紧张程度的简单方法，就是如实告知被测人测谎仪的工作原理。

首先，测谎师应当向被测人告知测谎仪的工作原理，这种告知应当是详细的，也应当是坦诚的。

接下来，测谎师会向被测人说明：

“测谎是一项有着一百多年历史的科学技术，也是一项成熟的心理学应用技术。测谎仪是一台科学的仪器，所以请你相信我，相信测谎仪，也请你相信科学。假如，你是无辜的，你只需要如实地回答，这台测谎仪绝不会得出不利于你的结果。但是，如果你今天说谎了，那么你的谎言也会在这台测谎仪上完完全全地被揭露出来。”

在经过了这一系列的告知和说明后，诚实的被测人会从先前的胡思乱想中摆脱出来，以相对平静和放松的心态接受这次测谎。

而说谎的被测人，内心的最后一丝侥幸也不复存在，其紧张程度也愈加强烈。

我的一位老师曾经精辟地概括过这种状态，他说道：

“在成功的测谎中，你会看到，诚实的被测人变得越来越放松，而撒谎的被测人，则会变得愈加紧张起来。”

测谎：一个心理学实验

从某种程度上来说，测谎就像做心理学实验。

在测谎这个心理学实验中，实验的主试，就是测谎师，他负责主持这个实验，主导着这个实验的进行。

实验的被试，就是接受测谎的当事人，他是被检测的对象。

实验的测量工具，就是测谎仪，它作为实验仪器，保障了这个实验的顺利进行。

实验的刺激变量，就是测谎师依据案情编制而成的各个问题，它们是将要给被测人呈现的刺激。

实验的反应变量，就是被测人回答问题时，各生理指标的变化数据。

实验的干扰变量，就是被测人的记忆污染、情绪异常、人格特质等可能会造成个体生理指标的变化数据出现偏差的变量。

实验的实施程序，就是由测谎师向被测人提出一系列问题，由被测人对这些问题做出“是”“不是”或者“不知道”的回答。测谎师通过测谎仪记录下被测人在回答问题时的皮肤电、血容量、血压等生理指标的变化，并针对这些生理指标数据的变化情况，进行统计数据分析，最终明确被测人在相应问题上说谎的概率。

既然是做心理学实验，那么最困难的环节，就是对实验结果的解释。

这在测谎中具体体现为，当被测人的生理指标反应出现了显著异常时，测谎师要如何解释这种情况出现的原因？

这是所有测谎师都会关心的问题。

举个例子。

一起灭门案，案件承办人请测谎师通过测谎来帮助判断，究竟哪一名嫌疑人才是真正的作案人。

在测谎过程中，测谎师向其中一名嫌疑人提问：

“你知道昨晚 ×× 家的事是谁做的吗？”

被测人回答：

“不知道。”

但测谎师发现，被测人在回答“不知道”时，多项生理指标出现了显著异常。

换句话说，这名被测人说谎了。实际上，他知道这件事情是谁做的。

此时，测谎得出的结果是，被测人知道这件事情是谁做的。

但测谎师绝不能据此断定，他就是真正的作案人。

因为，知道作案人是谁，并不代表他本人就是作案人，至少还存在以下几种可能：

可能性一，他参与了这起犯罪，但他只是一个在门口望风的角色，真正的杀人者另有其人。

可能性二，他没有参与犯罪，只是案发当时碰巧路过，目击了凶手行凶的整个过程。他认出了凶手就是他认识的某个人，但由于种种原因不敢对别人说。

可能性三，他没有参与犯罪，也没有目击过犯罪，但他的家人（如妻子）目击了整个犯罪的过程，并认出了凶手。他的妻子偷偷地把这件事情告诉了他，他由于种种原因隐瞒了这件事情。

……

如果事实是以上这几种可能性中的其中之一，但测谎师依据测谎结果，简单地判断被测人就是真正的凶手，那么我们可以看到：测谎仪没有出错，但测谎师的判断出现了偏差。

鉴于此，测谎师此时还并不能对测谎结果做出唯一性的解释。因此，还需要通过进一步的测谎，来确认究竟哪一种可能性才是真正的事实。

测谎的周密性和严谨性，由此可见一斑。

说谎者伪装：被低估的能力

我们先来看下面这一段陈述。

“他在我的后备厢里确实曾经放过一个包裹，大约去年10月的时候吧。哪一天我真不记得了，因为都已经过去很长时间了，哪能记得那么清楚。但是，他确实在我的车后备厢里装过一个包裹，这一点我十分确定。我为什么这么确定？因为那天出了一件意外，让我印象特别深刻，也算是一个插曲吧。那天下雨，他和我约在一个体育场旁边的停车场见面。到那儿见面之后，他比我早到了，正站在车旁边抽烟。他看到我来了，就打开自己车的后备厢，拿出了一个黑色的包裹，把那个包裹丢在了我的车上，说让我帮他保存几天。我本来还想跟他再说几句，他却直接上车走了。我于是也开车往回走，但那个时候我刚刚学会开车，驾驶水平还不行，一不小心一个车轮子滑进了一个水坑里，我记得应该是左前轮吧。当时我急得不行，来回尝试了好几次，车也开不出来，我就给我一个朋友打电话，把他叫过来了。等他来了，折腾了半天才把车开了出来。那次事件以后，很长一段时间我都不敢自己开车出门，尤其是下雨天，心里都有阴影了。”

这是一名案件嫌疑人的供述。

现在请你判断一下，这名嫌疑人的供述，是不是真实的？

当然，仅仅通过这样一段陈述，我们一定是很难完全确定其真实性的。在实践当中，我们更多的是通过分析陈述与陈述者本人之前之后的陈述之间是否存在矛盾之处，与其他人的陈述之间是否存在矛盾之处，这份证据与其他客观事实之间是否存在矛盾之处等方法，来确定它是否真实。

但在这一部分中，我们暂且仅仅就这段供述进行分析和判断。

首先公布一下答案：这名嫌疑人供述的这段情节，从头到尾都是虚构的。

换句话说，他在撒谎。

事实是，整个事件都是他编造出来的，根本完全不存在。

但我们在阅读这份供述时，心里也许会冒出这样的想法：我感觉他说的，似乎是真的。

出现这种想法，主要的原因有二：

第一，他讲述的内容很具体，细节也很丰富。

如果是说谎，那他应该讲述得更为抽象和概括，而不应该像现在这样，讲得“有鼻子有眼儿”。

第二，他讲到了一个非常异常的事件，那就是他在那个下雨天开车的过程中，把车子开进了水坑里无法出来。对这件异常事件的描述十分细致，不像是编造出来的。

应该说，这两个原因都是基于我们的日常生活经验，甚至可以说是基于我们的直觉，我们才判断出，他说的可能是真的。

这种分析本身，其实是有一定道理的。

根据司法心理学的研究成果，这两个理由所涉及的内容，确实是区分真话和谎话的重要指标。

其中，第一个指标在心理学上被称为叙述的“细节质量”，第二个指标在心理学上被称为叙述的“异常细节”。

但现在，我们会发现：尽管上面这份供述中，包含了心理学上认为只有真话才会出现的“细节质量”和“异常细节”，但事实上，它明明是彻头彻尾的假话。

在这本书中，我们会经常提到，测谎师是如何来判断个体陈述的真实性的。但我在这里却举出这样一个例子，就是为了强调一点：千万不要低估说谎者伪装的能力！

在前述的这名嫌疑人的谎言被拆穿后，我与他进行过下面这一段谈话。

我：他往你的车里塞过一个包裹吗？

嫌疑人：没有。

我：你说的内容里面，那些具体的细节都是你自己想出来的？

嫌疑人：是。

我：你所说的，车子开进水坑了，你自己开不出来，又找你一个朋友来开走的，有这回事吗？

嫌疑人：有这回事，但不是那天发生的，是我之前遇到的事。

我：换句话说，你把以前发生的事情，换到那天了，是吗？

嫌疑人：是的。

我：为什么这么做？

嫌疑人：为了让你相信我说的。

我：你为什么会认为，这么说我会相信你？

嫌疑人：我在电影里看到过，那个电影里有一个专家，他告诉主角，说让他在他的陈述里加进一件特别的事情，并且很仔细地描述那件事情，会更容易让别人相信他所说的是真的。

我：所以说，这是你在电影里学到的？

嫌疑人：是，但也不完全是。我在网上也看过类似的专业文章，讲的是如何让别人相信你，里面也提到你必须把事情讲得细致具体，不能含含糊糊地说。

我：文章里还说什么？

嫌疑人：还说虽然要把事情讲得很细致具体，但是在一些不重要的细节上要说记不清了，不能全都回答记得清楚。

我：嗯。还有其他提到的吗？

嫌疑人：还有很多啊。比如，说完话以后，必须目光直视着对方……

接下来的时间里，这名嫌疑人滔滔不绝地向我讲述了他所学到的各种“伪装招数”。

这次的谈话对我本人的触动比较大。原因有二：

第一，我们不得不承认的是，在当前这样一个信息“爆炸”的时代，每一个人都可以自由地获取各方面的知识。自然，如何对谎言进行识别，也是其中的一个方面。

毫无疑问，这名嫌疑人通过有意识地寻找和学习这方面的知识，已经具备了很强的“伪装”能力。

并且，对于如何能够让对方相信自己所说的话，他的内心十分清楚。

对于办案人员或者测谎师来说，这将在很大程度上增加他们识别谎言的难度。

第二，也是更为重要的一点，那就是，如果办案人员和测谎师依然认为，只有自己掌握了那些识别谎言的技巧，将很有可能被善于伪装的说谎者骗得团团转。

有时候，一些测谎师会认为，只有自己才知道如何去判断个体陈述的真假，只有自己才对如何判断个体陈述真实性的知识精确掌握，说谎者应当对这个领域的知识一无所知。

所以，如果此时说谎者有意识地伪装出了一部分“诚实”的言语表达和体态动作，将很有可能成功地误导一些过度自信的测谎师的判断。

测谎师必须认识到，并非只有测谎师才能学习和了解到那些专业的识别谎言的方法。任何一个感兴趣或有需要的人，都可以通过当前高度发达的信息渠道，去获得和学习这些知识。

测谎师应当关注的，是在当前信息“爆炸”的大背景下，如何努力提高自身的专业能力，如何创新甄别谎言的新方法，从而更好地应对一些新情况给测谎带来的不利影响。

这是我们所无法回避的，也不应该回避的一个问题。

也正因如此，一名谨慎的测谎师，时刻都会提醒自己，不要低估了说谎者伪装的能力。

当事人陈述：被低估的难度

当一起案件发生后，不论是嫌疑人、被害人还是证人，都要向办案人员详细地陈述案发当时的情形，认真地回忆整个事件的详细经过。

有的人认为，这应当是一件很简单的事情。只不过是把自己经历过的事情再重复一遍，有什么困难的？在平日的生活和工作中，我们不也经常要陈述自己经历的事情吗？换句话说，这不是我们每天都会做的事情吗？

这听起来似乎很有道理，但却忽略了一个重要的问题。

那就是，案件当事人陈述事件的详细经过，与他在日常生活中的陈述，是完全不同的。

有什么不同？

我们首先来看一段日常的对话。

甲：看你脸色不好，怎么了？

乙：昨晚喝酒了。

甲：喝到时候不早吧？

乙：别提了，一直喝到了后半夜。

甲：哦。怎么喝那么晚？

乙：都是多年没见的老朋友，大家兴致都很高，就喝高了。

甲：热闹不？

乙：热闹得很啊。

甲：原来如此啊，你们几个人喝的啊？

乙：三四个人吧。

甲：里面有我认识的吗？

乙：老李你应该认识，其他的人我估计你够呛认识。

甲：哦。老李也去了，他也喝大了？

乙：反正他也喝了不少。

甲：最后你们谁结的账啊？谁请客？

乙：不记得了。

甲：不错不错，下次再有局，喊我一起。

乙：好的。

……

上面这段对话，在我们的平常生活中经常能够见到。从这段对话中，我们可以发现三个关键点。

第一，在我们的日常对话中，倾听者是抱着相信陈述者的态度来倾听陈述，而并非抱着质疑的态度来与对方进行对话的。

比如，在上面这段对话中，甲询问乙为什么脸色不好，乙回答称前一天晚上和几个老朋友喝到了后半夜，甲自然就相信乙所说的，认为乙昨晚就是去喝酒了，而不会怀疑乙是不是有意欺骗他。

作为倾听者的甲，是抱着相信乙的态度，来倾听乙讲述前一天晚上的经历，而并非抱着质疑的态度，来看待乙的这一套说辞的。

第二，在我们的日常对话中，我们并不需要详细描述每一件事情或事物的细节，而只是需要进行概括化的描述。

从心理学的角度来看，我们更多陈述的其实是发生事件的“意义”，而较少陈述发生事件的“细节”。

比如，在上面这段对话中，甲询问乙有几个人参加了酒局，乙回答有三四个人，甲于是没有再详细询问乙究竟是三个人还是四个人，以及究竟是哪几个人参加了酒局。

再比如，甲询问乙前一天晚上喝到几点，乙称喝到后半夜，甲于是也没有再详细追问，喝到后半夜究竟是喝到具体什么时间。

第三，在我们的日常对话中，我们可以毫无压力地承认自己记忆的遗忘和模糊。

比如，在上面这段对话中，甲询问乙，昨晚的酒局最后是谁结的账，乙随口回答说自己不记得了，甲于是也没有再追问。这在甲和乙看来，也是很平常的一件事情。

概括来说，在我们平日的陈述中，我们以相信对方陈述的内容为基本前提，所陈述的内容更多的是事件的意义，而非事件的细节。另外，我们也可以很轻松地承认，这件事情对方记不得，或是记不清了。

但是，当我们卷入某起案件当中，当我们以案件当事人的身份来陈述事情的具体经过时，就不再是这样了。

某地发生一起案件，嫌疑人和被害人在参加完同一酒局之后，在回家途中发生了肢体冲突。冲突过程中，嫌疑人持凶器将被害人捅伤。

假设本案的嫌疑人和被害人所参加的酒局恰恰就是上例中的乙所组织的酒局。

鉴于此，乙作为本案的证人，提供证人证言。

问：昨天晚上，你都做什么了？

答：跟朋友喝酒了。

问：几点开始喝的？

答：八点多一点儿吧。

问：在哪儿喝的？

答：×× 酒店 ×× 包间。

问：喝到几点？

答：得到后半夜了。

问：具体到几点？

答：快一点钟吧。

问：你们几个人？

答：四个。

问：都有哪几个人？

答：我、老李、大鹏，还有老谢。

问：你们四个人当时坐的位置说一下。

答：我右手边是老李，老李右手边是老谢，老谢右手边是大鹏。

问：老谢和大鹏两个人是挨着坐的吗？

答：……是。

问：你们四个昨晚各自的衣着特征，讲一下。

答：我上身穿一件白色T恤，下身穿一条牛仔裤。大鹏是一件黄色上衣，下身应该是深色裤子。老李也穿了件浅色的T恤，下身穿什么裤子记不清了。老谢的话……应该是深色的衣服吧。

问：你们喝了多长时间？

答：有……三个多小时了吧。

……

问：你之前有听说过大鹏和老谢之间有什么矛盾吗？

答：没有听说过。

问：你仔细回想一下，那天吃饭的时候，老谢和大鹏有闹过什么不愉快或者冲突吗？

答：我想……没有吧。

问：你“想”是什么意思，是你猜想的，还是确实没发生过冲突？

答：他俩那天晚上……应该没闹过什么别扭。

问：你说“应该没”，能确定吗？

答：……能。

问：昨晚老谢带包了吗？

答：有两个包挂在架子上，但是我记不清楚有没有老谢的了。

问：那两个包的样式？

答：我记不清了……

问：吃完饭是谁结的账？

答：应该是大鹏吧。

问：你记清楚了吗？

答：因为他之前就说这顿他请，所以应该是他结的账。

问：那么，后来你们是一起离开的吗？

答：不记得了。

问：你再认真回想回想。

答：好像不是，我模模糊糊记得我是一个人走出的酒店门。

问：你说“好像”？

……

乙这段作为证人的回答，与之前那段日常生活中的对话，明显存在着很大的不同。

第一，如果说之前在日常生活中的对话，更多陈述的是框架和意义，那么在案件当事人的陈述中，细节的陈述就被放在了举足轻重的位置。

这是完全可以理解的。为了弄清楚整个案件的详细情形，自然要对整个案件中可能涉及的所有细节进行细致的核实。如果仅仅对于案发当晚的事情做粗略了解，必然不利于案件事实的查明。

所以，这本身并不存在什么问题。

但问题在于，我们的记忆并非一台摄像机，可以完整地注意到发生的一切，并准确地记录下一切。

比如，在上面这段对话中，乙能够讲出，当时究竟是哪几个人在一起喝酒吃饭，甚至还准确地回忆起了四个人在当时各自所处的位置。对他来说，这种程度的记忆，已经足够他应付正常的人际沟通。

但是，当他作为一名证人提供证言时，他还需要回答，当晚这几个人都穿了什么样的衣服。

在平日的人际沟通中，乙几乎不会对这种程度的细节记忆进行提取和回忆。但是作为一名证人，乙必须提取大量类似的细节记忆，以完善自己的证言。

第二，在日常的生活中，倾听者通常都是抱着相信的态度，去倾听陈述者的陈述的。相应地，陈述者通常并不会去担心对方怀疑自己陈述的真实性。但这在案件当事人的陈述中，就不是那么回事了。

一方面，在案件当事人的陈述中，他会有意识地努力使倾听者相信自己所说的，并且会敏锐地观察倾听者是否对自己陈述的内容产生怀疑。

在这种情况下，我们其实可以预见到，案件当事人在陈述过程中，可能会有意无意地对自己的陈述内容进行一定程度的加工，使之整体表现得更加合理和周全。在一些缺少衔接或逻辑过渡的部分，陈述者可能会人为地融入一些符合逻辑的内容，以避免倾听者因为感觉到陈述内容中存在生硬和怪异之处，而对其陈述的真实性产生怀疑。

但毫无疑问，这种做法，会对陈述的准确性造成损害。

需要指出的是，这并不是说案件当事人在陈述过程中，会有意地对案件事实进行篡改。

这种陈述内容的微妙变化，更多的时候，其实并非陈述者有意为之。

另一方面，倾听者在倾听案件当事人的陈述时，也并非像在日常生活中那样，抱着完全相信的态度来倾听陈述者的陈述。

为了确认陈述者所陈述的内容是真实的，倾听者也会向陈述者提出大量的细节性问题，认真梳理陈述者所陈述内容在逻辑上是否存在矛盾和疏漏之处，并在认为适当的时机向陈述者提出质疑。

第三，在案件当事人的陈述中，说“不记得了”是一件充满压力的事情。

在日常沟通过程中，表达“我忘了”或“我不记得了”是很常见的一件事情，陈述者表达得很轻松，倾听者听到通常也觉得无所谓。但是当案件当事人在陈述时直接表达“不记得了”，就不会觉得很轻松。

尤其是在倾听者认为，如此重要的事情陈述者不应该忘记时，陈述者的心理压力就会变得更大。

比如，在上文这段陈述中，乙在被问到“后来你们是一起离开的吗”时，回答“不记得了”。之后又被追问“你再认真回想回想”时，回答“好像不是，我模模糊糊记得我是一个人走出的酒店门”。

回到测谎中。

在测谎中，测谎师是怎么做的？

首先，在测谎前的谈话阶段，测谎师会告知被测人：

“如果某件事情或者某些细节，你已经记不清楚了，那么你可以告诉我，你已经不记得了，或者记不清了，不要为了让我相信你所说的话而去添加一些内容，或者通过猜测去表述一些你自己也并不确定的事情。”

这一点很重要。

每一个走进测谎室的被测人，无论他所说的是真是假，他都是十分紧张的。

说真话的被测人，毫无疑问地希望测谎师能够相信他所说的。

但是，在我接触过的诚实者中，许多人内心都会抱有这样一种观念，那就是，测谎师似乎应该是更愿意去相信那些记忆清晰、对答如流的被测人。因此，如果当测谎师问自己某个问题时，自己回答“记不清了”或“不记得了”，会让测谎师觉得自己是在故意隐瞒一些事情，并可能使测谎师认为自己是在撒谎。

在这种观念的驱使下，如果测谎师没有事先明确告知被测人，那么被测人可能不愿意直接告知测谎师自己“不记得了”，而是通过猜测甚至是虚构的方式来进行回答。

其次，测谎师会明确告知被测人：

“无论其他人对你的陈述如何评价，我都愿意相信你所说的。当然，前提是你一定要实话实说。”

这样做的主要目的，其实还是帮助诚实的被测人放下心理包袱。很多时候，被测人在接受测谎之前，曾经进行过多次的陈述，但并不被倾听者所相信。当这种不信任逐渐累积，最终可能导致连陈述者自己都慢慢变得不相信自己的记忆，或者不愿意再继续对倾听者进行真实的陈述。

鉴于此，测谎师会明确告知被测人自己的立场和态度，帮助被测人抛开内心的顾虑，平静而专心地接受测谎。

谎言：虚构、否认和隐瞒

什么是谎言？

这个问题，真的不容易回答。

你可能会说，谎言不就是与事实不符的陈述吗？

我在这里举一个例子。

我曾在精神病院做过一段时间的实习医生。在我穿上白大褂开始实习的第一天，就遇到了一场让我哭笑不得的意外。

一位长相十分清秀的女孩，见到我之后，突然开始大声哭喊，哭喊的内容大致是我要非礼她，大喊“救命”！

我被这突如其来的状况闹了个大红脸，带我实习的主任拍了拍我肩膀，说道：“她的妄想症状比较严重，之前曾经被她的继父性侵过，见到男大夫，有时就会这样。”

在精神卫生领域工作过的人都知道，被害妄想、关系妄想、嫉妒妄想等，都是十分常见的妄想症状。

但我关心的，并不是这些症状的表现如何千奇百怪，我关心的是，他们所陈述的那些内容，究竟能不能叫作谎言。

我曾与一位病人在他们的娱乐室里有过一段对话。

病人：大夫，你能帮帮我吗？

我：怎么了？

病人：我已经好了，真的，大夫，我已经好了。我想马上出去。

我：为什么这么着急出去？

病人：因为一位大领导昨晚来找过我，让我去北京，国家有重要的任务要交给我去做。

我：哪位大领导？

病人：不能说，不能说，很大的领导。

我：是他亲自找的你吗？

病人：是啊。

我：他是怎么来找你的？跟我说说吧。

随后，这位病人把大领导来找他的时间、带谁一起来的等，对我进行了详细的描述。

尽管他所说的这些事情根本不存在，从头到尾都只是他自己妄想的而已，但在他的内心，他坚信他所说的事情都是真的。

如果此时对他进行测谎，核实是不是真的有一位大领导曾经来找过他，测谎结果会是什么样的？

正因有此顾虑，测谎师会拒绝对患有精神疾病的被测人进行测谎。

你可能会说，只要是一个人故意去欺骗另一个人，那就是谎言。

那么，我再举一个例子。

电视剧中经常会出现这样的场景：男主角深情地拥抱着女主角，对女主角进行了一长串的深情表白。此时，一些泪点偏低的观众可能已经被两人的对话感动得热泪盈眶。

那么问题在于，我们都知道，这只是两位演员的“逢场作戏”而已，这些深情表白的话并不是两位演员的真心话，其实是演员“故意欺骗”观众的话。

但这些对话，可以被认为是谎言吗？

所以，要想准确界定谎言，绝不是一件容易的事情。

还是回到测谎实践中。

在办理测谎案件的过程中，我所遇到的大多数谎言，可以分为三类。

第一类谎言，是虚构式谎言。

我曾参与办理这样一起案件的测谎。嫌疑人在某网站上售卖手机，由于售价明显低于市场价，所以被害人从嫌疑人手中购买了五十部手机，准备转手出售给自己的下家，从中赚取差价。

但被害人给嫌疑人打款二十万元后，嫌疑人迟迟不发货，最后竟然玩起了失踪。被害人联系不上嫌疑人后，果断选择报警。

嫌疑人到案后辩称，他收到被害人的二十万元货款后就马上跟他的上家联系发货。他的上家的网名叫作“懂你所爱”，他之前都是从这个“懂你所爱”那里拿货。但这次他打款给“懂你所爱”后，“懂你所爱”始终没有给他发货。因为他也没有“懂你所爱”的手机号，所以后来就联系不上了，他自然也就没法给被害人发货。又因为被害人一直在催他，而他又联系不上这个“懂你所爱”，所以他没办法，只能更换了手机号。

为帮助判断嫌疑人的供述是否真实，案件承办人委托测谎师，对嫌疑人进行测谎。

经过测谎，测谎师明确了嫌疑人的供述为假，所谓的上家“懂你所爱”，完全是嫌疑人编造出来的。

在这起案件中，嫌疑人的谎言就属于虚构式谎言，即凭空虚构出一系列不存在的情节，进而编造出了一整套谎言。

但在司法实践中，这种谎言出现的概率并不大。

原因很简单，如果嫌疑人选择采用虚构式谎言，那么他的认知负担将会很大，既要保证各情节之间保持逻辑上的融洽，又要时刻牢记虚构情节的内容，以避免出现前后描述不一致的情况。

有句话很形象地表达了这种虚构式谎言的特征，那就是，撒一个谎，需要用一百个谎来圆这个谎。

所以这种谎言相对来说比较容易被揭穿。

第二类谎言，是否认式谎言。

再举一个例子。

嫌疑人与被害人因为琐事而产生矛盾。案发当天，被害人到嫌疑人家门口叫骂。后来，被害人就走进了嫌疑人家中。

五分钟后，被害人从嫌疑人家中走了出来，离开了现场。之后，被害人赶到医院做了伤情鉴定，发现手腕已经骨折。

那么，被害人到底是什么时候受的伤？又是怎么受的伤？

被害人称，那天她走进嫌疑人家中，与嫌疑人发生了口角。之后，嫌疑人对其猛踹一脚，直接将其踹倒在地上，她手腕感到一阵钻心的疼，应该就是那时候骨折的。

嫌疑人则辩称，那天被害人走进他家后，就拽着他的衣服跟他要钱。被害人的伤不是他弄的，当时场面很混乱，他也不知道被害人是怎么受的伤，也不记得当时发生了什么。

为了帮助判断被害人的伤究竟是如何造成的，案件承办人委托测谎师对这二人进行测谎。

测谎结果显示，被害人陈述为真，嫌疑人供述为假。也就是说，被害人的伤，确实是嫌疑人的伤害行为造成的。

在这起案件中，说谎者的谎言就属于否认式谎言，即单纯通过否认“我没做”或“记不清了”“没看清楚”等说辞来表达谎言。

否认式谎言在测谎实践中出现的概率比较大。原因很简单，因为它确实简单，也并不需要太大的认知负担，只要自己一口咬定“不是我干的”或“我记不得了”，就可以完成对整个谎言的表述。

第三类谎言，是隐瞒式谎言。

举个例子，一名嫌疑人因为违法收受好处费十万元而被调查。但事实上，除这十万元外，他还收受过另外一笔四十万元的好处费，但办案机关目前暂时并未掌握这一情况。

此时，这名嫌疑人在明知自己还有一笔四十万元的好处费没有交代的情况下，故意隐瞒这一情况，未告知办案人员，这就属于隐瞒式谎言。

隐瞒式谎言在测谎实践中出现的概率也比较大。原因很简单：一方面，这种谎言不需要承担认知负担；另一方面，相比较另外两种谎言而言，这种谎言带来的负罪感较低。

事实上，在我所接触到的说谎者中，有的说谎者对于隐瞒式谎言，甚至完全不存在负罪感。

总而言之，不论是定义谎言，还是识破谎言，其实都不是一件容易的事。

犯罪知情测试：零口供案件

通常，犯罪嫌疑人到案后，办案人员往往会对其进行多次讯问。由于趋利避害是人类的天性，所以即使是真正的作案人时而作出有罪供述，时而作出无罪辩解的现象，也并不罕见。

案件承办人经验丰富，也往往能够从嫌疑人口供的反复和变化过程中发现破绽，并结合其他在案证据，综合判断嫌疑人是否在说谎。

但如果嫌疑人到案后，始终都是无罪辩解，而没有一次有罪供述，案件承办人的心里也可能会有些打鼓。

尤其是在其他证据质量相对不好，嫌疑人又不存在任何前科的情况下，这鼓可能会敲得更响。

在这种情况下，案子就可能会被委托给测谎师。

一起盗窃案，案件承办人委托测谎师，通过测谎来帮助判断，嫌疑人是否为真正的作案人。

案发现场是一片工地的简易房，报案人是一名在工地食堂做饭的中年妇女。案发这天早晨，她起床后像往常一样去院内的公共洗手池洗漱。睡眼惺忪间，她忘记了锁屋子的门。

十分钟后，她洗漱完毕回到屋子，却惊讶地发现，自己放在沙发上的背包被人打开了。她赶忙跑过去仔细查看，自己放在背包里的红色钱包不翼而飞了。

换句话说，在她出门洗漱的这十分钟的时间里，有人偷偷地溜进了她的屋子，偷走了她的钱包。

侦查人员经过现场勘查，从她的皮包上提取到了脱落细胞。经过比对，侦查人员又取得了重大发现。

原来，该脱落细胞经比对，为同工地的另一名水电工人所有。而这名水电工人宿舍的位置，恰巧就在被害人居住宿舍的楼上。

侦查人员接着查阅了案发当天工地的上工考勤表，发现恰恰在案发当天的上午，这名水电工人因为肚子疼，请了假去医院看病。

这不禁让人怀疑，会不会看病是假，销赃是真?

于是，这名水电工人被侦查人员锁定为嫌疑人。

但嫌疑人到案后，却迷茫地看着办案人员，坚称他们抓错了人。

即便是真正的作案人，被抓获后出现这种辩解也并不罕见。但偏偏这个嫌疑人平时一贯表现良好，做人老实巴交，从没有前科劣迹，工友们也纷纷表示不相信他会做这种事。

侦查人员又向嫌疑人宿舍的其他人了解情况，得到的结果是，钱包被偷的前一天晚上，嫌疑人确实吃坏了肚子，半夜还起了好几次夜。

一方面，侦查人员在对嫌疑人的讯问过程中，不好直接点破案情，只能旁敲侧击；另一方面，嫌疑人也一直坚称对案件毫不知情。

于是，伴随着一方不断地重复“你好好想想自己做过些什么”，另一方不断重复“我完全不知道你在问什么”，案子就这么慢慢僵住了。

那么，到底是嫌疑人拒供顽抗，还是真正的作案人另有其人？

案件承办人接到这个案子后，也感到有些棘手，于是把案件送到了测谎实验室。

测谎师在查阅了所有的案卷材料后，认为：

“具体到本案，案件的隐蔽性信息并未被泄露，所以比较适合采用犯罪知情测试法（GKT）进行测谎。”

犯罪知情测试法，是测谎实践中的一种重要的测试范式。

具体来说，犯罪知情测试法是基于这样一种测谎理念：

犯罪人在实施犯罪的过程中，不可避免地，会对整个犯罪过程形成相应的心理痕迹。当这种心理痕迹被重新“唤醒”时，犯罪人会出现强烈的朝向反应，从而表现出生理指标的异常变化。

在使用犯罪知情范式进行测谎时，测谎师会将整个案件中，所有能够使真正的作案人形成心理痕迹的情节，进行全面的提取，然后编织成整套的问题，向被测人进行发问。

假设，一起杀人案，凶手使用一把锤子杀死了被害人。

现在，办案人员将三名男子列为重要嫌疑人。

其中，只有一名是真正的作案人，另外两名是无辜者。

那么，通过使用犯罪知情测试法，如何来判断这三名男子中，究竟谁是真正的凶手？

依照犯罪知情测试法的测谎理念，真正的作案人，对于使用什么工具杀死了被害人，应当是存在相应的犯罪心理痕迹的。

鉴于此，测谎师编制了这样的题目：

作案人是用菜刀杀死那个女的吗？

作案人是用斧头杀死那个女的吗？

作案人是用锤子杀死那个女的吗？（目标问题）

作案人是用棍子杀死那个女的吗？

作案人是用枪杀死那个女的吗？

作案人是用石头杀死那个女的吗？

……

测谎师在给被测人佩戴好各种传感器后，把这些问题一一向被测人进行发问。被测人在对每一个问题回答“不是”或者“不知道”时，测谎仪都会迅速精确地记录下被测人生理指标的所有细微变化。

在犯罪知情测试法的问题设置中，只有一个是目标问题，其余的均为陪衬问题。

在这个例子中，作案人实际上是用一把锤子杀死了被害人。因此，具体到这个例子中，“作案人是用锤子杀死那个女的吗”就是目标问题。

那么，如果是一名无辜者，他对于作案工具就根本不存在任何犯罪心理痕迹。换句话说，菜刀、锤子、木棍、石头、枪这几种工具，在他看来，并没有什么实质上的差异。

因此，当他回答“作案人是用锤子杀死那个女的吗”时，并不会出现强烈的朝向反应，自然生理指标也不会出现显著的异常变化。

但是，如果是真正的作案人，他对于作案工具存在清晰的犯罪心理痕迹。因此，当他被问到“作案人是用锤子杀死那个女的吗”时，他的心理痕迹被重新“唤醒”，他在“锤子”这件工具上会出现强烈的朝向反应。

于是，当他对“作案人是用锤子杀死那个女的吗”这个目标问题进行回答时，他的生理指标将会出现显著的异常。

这说明，他对作案工具存在相应的心理痕迹。

换句话说，他知道真正的作案工具究竟是什么。

如果这么讲还不容易理解，那么我举一个更直白的例子。

打个比方，今天的早饭，你吃了一笼包子。但是出于某种原因，你不愿意告诉我，你早饭究竟吃了什么。

如果我用犯罪知情测试法对你进行测谎，就会像下面这样。

我问你：“你早晨是吃了馒头吗？”

你回答：“不知道。”

测谎仪记录你回答时的生理指标变化情况。

……

我问你：“你早晨是吃了馄饨吗？”

你回答：“不知道。”

测谎仪记录你回答时的生理指标变化情况。

……

我问你：“你早晨是吃了油条吗？”

你回答：“不知道。”

测谎仪记录你回答时的生理指标变化情况。

……

我问你：“你早晨是吃了包子吗？”

你回答：“不知道。”

测谎仪记录你回答时的生理指标变化情况。此时，你的生理指标出现了显著异常，因为当被问到“包子”时，你的记忆痕迹被唤醒，出现了强烈的朝向反应，进而引发了生理指标的显著变化。

于是通过犯罪知情测试，可以明确：你的早餐，吃的是包子。

这是对犯罪知情测试法的简单说明，接下来回到这个盗窃案中。

本案中，第一个案件隐蔽性情节：

“钱包是什么颜色的？”

第二个案件隐蔽性情节：

“钱包里有多少现金？”

第三个案件隐蔽性情节：

“钱包是从哪里被拿走的？”

而事实上，在我们即将对嫌疑人进行测谎的前一天，案件承办人提供给我们一个重要的信息：丢失的那个钱包，现在被找到了。

一位老大爷坐公交车时，在最后一排的座位下面，意外地发现了那个丢失的钱包。这位老大爷从钱包里找到了失主的联系方式，于是联系到了失主。

简单来说，作案人将钱包里的财物取走后，又把钱包丢弃在了公交车的座位下面。

这无疑又是一个重要的案件隐蔽性情节，于是我们将其列为第四个测试点：

“钱包被扔在哪里了？”

那么，通过目前已经明确的案件隐蔽性情节来看，真正的作案人，他会知道钱包是什么颜色的，他会知道钱包里面大致有多少现金，他会知道钱包是从什么地方被偷走的。另外，他也会知道钱包最后被丢在了什么地方。

而如果并非真正的作案人，那么他对于钱包究竟是什么颜色，钱包里究竟有多少现金，钱包从哪里被偷走的，钱包最终被丢在了哪里，都会是一无所知。

基于此，在对这名水电工人进行正式的测谎过程中，我们所编制的部分测谎题目，以及被测人的回答如下。

问：那个钱包是黑色的吗？

答：不知道。

问：那个钱包是白色的吗？

答：不知道。

问：那个钱包是红色的吗？（目标问题）

答：不知道。

问：那个钱包是黄色的吗？

答：不知道。

问：那个钱包是紫色的吗？

答：不知道。

……

问：钱包是被人从桌子上偷走的吗？

答：不知道。

问：钱包是被人从床上偷走的吗？

答：不知道。

问：钱包是被人从柜子里偷走的吗？

答：不知道。

问：钱包是被人从沙发上偷走的吗？（目标问题）

答：不知道。

……

问：钱包里是没有现金吗？

答：不知道。

问：钱包里是有几十块的现金吗？

答：不知道。

问：钱包里是有几百块的现金吗？

答：不知道。

问：钱包里是有几千块的现金吗？（目标问题）

答：不知道。

问：钱包里是有上万块的现金吗？

答：不知道。

……

问：钱包是被扔在马路边了吗？

答：不知道。

问：钱包是被扔在垃圾桶里了吗？

答：不知道。

问：钱包是被扔在公交车上了吗？（目标问题）

答：不知道。

问：钱包是被扔在出租车上了吗？

答：不知道。

问：钱包是被扔在下水道里了吗？

答：不知道。

……

屏幕上的一条条起伏曲线，记录着被测人在回答每一个问题时，各个生理指标发生的变化。

事实上，也正因如此，在整个测谎过程中，测谎师有着一种天然的心理优势。因为被测人的每一丝心理波动，都会通过测谎仪的记录，直观地呈现在测谎师眼前。

如果，图谱显示，被测人在回答“钱包是红色的吗”“钱包是被人从沙发上偷走的吗”“钱包里是有几千块钱吗”和“钱包是被丢弃在公交车上了吗”这几个问题时，生理指标并没有出现异常的变化，那么我们可以做出初步判断：被测人对于这些案件相关情节，确实并不知情。

换言之，之所以会出现“零口供”的情形，很可能是因为，他并非真正的作案人。

但是，如果从图谱显示的情况来看，被测人在回答“钱包是红色的吗”“钱包是被人从沙发上偷走的吗”“钱包里是有几千块钱吗”和“钱包是被丢弃在公交车上了吗”这几个问题时，生理指标均出现了明显的异常变化，我们也可以进行合理的判断：被测人对这些关键性的案件情节，内心是十分清楚的。

那么，他为何会对案件中所有的隐蔽性情节，都如此清楚地知晓？

原因很简单，因为他就是这个案子真正的作案人。

无意识回避：说谎者的欲说还休

听一个人说话，不是要听他说了什么，而是要听他没说什么。

这句话说得很有道理，并且也牵扯出了一个概念——无意识回避。

想要解释明白这个概念，还是要举个例子。

这起案件，是我的一位测谎师朋友办理的测谎案件。我有幸观摩了测谎的全过程，受益匪浅。

案情说起来并不复杂，一个地方发生了多起入室盗窃案，作案人破坏门锁的手法相同，都是使用工具将整个门锁直接破坏掉，然后进入室内进行盗窃。

办案人员经过对比分析后进行了并案侦查。很快，通过调取某次案发时的一处监控录像，办案人员发现，案发现场有一名男子形迹十分可疑。

办案人员找到了这名男子，该男子大呼冤枉，称自己那天只是帮一名客户搬行李而已，并不是去偷东西，而那名客户自己也联系不上了，真是跳进黄河也洗不清。

为了帮助判断这名男子所说是否真实，办案人员把这件案子委托给测谎师，希望能够通过测谎帮助判断：该男子是不是真正的作案人。

测谎师对本案的卷宗材料进行了认真细致的梳理，最终确定了本案的几个测试点。其中，有一道测谎题目是这样的：

"你知道被偷的钱是哪种外币吗？"

之所以会设置这一道问题，是因为测谎师在查阅卷宗的过程中发现，有一户人家的失窃物品中，包含了大量的日元现金。

于是测谎师形成了这样的思路：数量这么大的一笔日元，如果这名被测人是真正的作案人，那么他很可能对此情节存在相应的心理痕迹，他应当知道被偷的货币是日元。因此，在被问到"被偷的钱是日元吗"时，真正的作案人应当会出现异常的生理指标变化。

而在对被测人进行正式测谎之前，测谎师也很机智地与被测人进行了下面这一番对话。

测谎师：现在，知道办案机关因为什么事情把你带到这儿来了吗？

被测人：知道，有几家人被偷了，人家怀疑是我干的。

测谎师：到现在为止，你知道这几家都丢了什么东西吗？

被测人：听说丢了一些首饰之类的东西。

测谎师：除了首饰，知道还丢了什么别的东西吗？

被测人：别的不清楚了。

测谎师：对了，除了人民币，你还认识其他国家的货币吗？

被测人：认识一些吧。

测谎师：说说看，你都认识哪几个国家的货币？

被测人：有美元、法郎、卢布、韩元。

测谎师：再想想，还有吗？

被测人：还有……还有英镑，对了，还有澳元和加元。

测谎师：还有吗？

被测人：还有荷兰盾。

……

问到最后，被测人几乎将常见不常见的外币都说了个遍，却唯独有一种外币，始终没有提及。

这种外币，就是日元。

而日元，也恰恰是被偷的外币。

随后的测谎结果也清楚地显示，被测人在回答“被偷的外币是日元吗”时，生理指标出现了显著异常的反应。

换句话说，他心里十分清楚，被偷的外币就是日元。

因为他就是真正的作案人。

而被测人在谈话过程中，始终回避谈及日元。

这种回避可能是有意识的，但很多时候也是无意识的。

正像我们对待自己讨厌的人，在向他人进行介绍时，往往会无意识地遗漏对其进行介绍。说谎者的这种无意识回避，在很大程度上也是来自对给他带来负面心理体验的事物的一种无意识拒绝。

在我后来办理的一起测谎案件中，也再现了这一情形。

这是一起诈骗案。按照被害人的陈述，嫌疑人虚构了自己有关系可以赚钱，邀请被害人一起入伙做买卖。被害人信以为真，随即与嫌疑人签订合同，并交给嫌疑人两万元现金。

后来，嫌疑人的骗局被揭穿了，被害人找到嫌疑人，要求嫌疑人退给自己那两万块钱，否则就要报警。

于是在某一天的下午，嫌疑人趁被害人外出，只留下几岁大的儿子在家的时候，偷偷溜进了被害人居住的临时宿舍。嫌疑人从被害人宿舍内的一个黑色大皮箱内，找到了那份签订的合同，并带走了它，企图彻底消灭自己的犯罪证据。

又过了几天，嫌疑人仍然拒不返还那两万块钱，于是被害人决定报警。但直到被害人想要拿着那份合同去派出所报案的时候，却发现自己怎么也找不到那份合同。

被害人于是问自己的儿子，有没有看到过自己放在皮箱里的那份合同。儿子答道，几天前有一个叔叔来翻过那个皮箱，好像带走了一张纸。被害人这才恍然大悟，自己的合同已经被嫌疑人偷走，于是马上向派出所报了案。

而嫌疑人到案后，始终坚称，从未与被害人签订过什么合同，是被害人自己做生意赔了钱，想要赖在他的头上而已。

由于这起案件中的双方当事人各执一词，案件承办人一时也难以完全确认这份合同是否真的如被害人所说，是被嫌疑人偷走的，于是委托我们对本案进行测谎。

在查阅完卷宗后，我们开始着手准备测谎。被害人非常肯定，合同是从他的黑色大皮箱里被偷走的，这个皮箱的尺寸非常大，而且一直被被害人放在屋内很显眼的位置。如果真的是这样，那么嫌疑人应当对这一段犯罪情节存在记忆痕迹。

所以，在我们设置的测谎题目当中，有这样一套题目：

你知道那份合同是从哪里被偷走的吗？

是从电视柜里被拿走的吗？

是从桌子上被拿走的吗？

是从衣橱里被拿走的吗？

是从床底下被拿走的吗？

是从皮箱里被拿走的吗？（目标问题）

……

测谎当天，在对被测人进行正式的测谎之前，我与被测人有过这样一段对话。

我：关于那份合同，你有什么想法？

被测人：我没什么想法，根本不存在的事，我也不想解释。

我：你的意思是，这份合同根本不存在，是吗？

被测人：是的。

我：好的，你的意思我听明白了。接下来我还要跟你讨论另一个问题，你与被害人之前认识吗？

被测人：认识，之前在一块儿干过活儿。

我：你知道被害人平时住哪儿吗？

被测人：知道，就是那边的临时宿舍。

我：你去过他的临时宿舍吗？

被测人：去过，去他家喝过酒。

我：去过他家，那你对他宿舍基本的样子，还是有印象的吧？

被测人：有印象。

我：现在你跟我讲一下，他住的这个临时宿舍里，都有些什么家具或大的物品？

被测人：有一张桌子、一台电视、一张上下铺的床，还有个简易衣橱，折叠的那种。

我：嗯，除了这些家具，还有什么其他物品？

被测人：还有……还有两个脸盆，还有他儿子的一个挺大的变形金刚玩具。

我：还有其他的吗？

被测人：还有一口锅。

我：还有其他的吗？

被测人：我想不起来了。

……

到最后，被测人几乎将被害人宿舍内的所有物件都说了个遍，却唯独没有提及宿舍内放置的那个大皮箱。

而之后的测谎结果表明，被测人确实就是从皮箱里偷走了那份合同。

也正因为他知道，这份合同是从皮箱里被偷走的，所以他才会有意或无意地回避谈及皮箱。

毕竟，当他一想到“皮箱”这个词时，随之而来的感受，就是恐惧和焦虑。

所以，多留意一下说谎者“没说什么”，有时会有一些意外的收获。

主观情感：真情难测谎

这个世界上虽然有测谎师，但并不是所有的“谎”都可测。

一次，我回母校参加一场学术论坛，台下有一名学生向我提问：

“测谎仪可以测试我男朋友对我的感情是真是假吗？”

我答道：

“要真是能测查出人感情的真假，那测谎实验室的门，恐怕早就被挤破了。”

学生追问：

“那如果我想测试一下，我男朋友对我的感情是不是真的，就没办法吗？”

我答道：

“这也不是绝对没办法，比如，你可以借助测谎，来判断他有没有做过对不起你的事情，他有没有给别的女孩发过暧昧信息，他有没有在一些重要的事情上骗过你。如果这些都没有，那在很大程度上可以说明，他对你确实是真心的。”

这虽然是一件小事，却引出了对一个专业问题的思考，那就是，哪些谎言，是不适合用测谎仪来进行核实的？

比如，主观的感受和情感，相对来讲，就是不适合用测谎仪直接进行核实的。

这是因为，主观的感受和情感，往往会随情境的变化和个体心理状态的变化而随时发生变化。

也许一个星期以前，你还爱他爱得死去活来，但现在，你发现他做了对不起你的事情，你对他恨之入骨，这是你的感情在变。

也许一个小时以前，你还饿得头昏眼花，但现在，你已经饱得再也吃不下一口东西，这是你的感受在变。

正因如此，对测谎师而言，一条重要的测谎准则就是，尽可能去核实那些客观的行为和事实，而尽量避免去直接核实那些主观的感受和情绪。

不管你曾经深爱他，还是现在痛恨他，只要在你们离婚时，他曾亲手交给过你一张存有十万块钱的银行卡，那么，这个客观的行为不会因为你主观感情的改变而改变。

不管你刚刚感觉饿得要死，还是现在感觉撑得要吐，中午吃饭的那家餐厅叫什么名字这个事实，也不会因为你主观感受的改变而改变。

这其实也可以解释，为什么在测谎实践中，测谎师会特别慎重接手强奸案。

强奸案的重点是这个“强”字，即“强迫发生关系”。但强迫还是自愿，有时会存在一个主观上的判断。

而只要是主观的东西，就有被扭曲的风险。

当然，我并不是说所有的强奸案件都不适合进行测谎。有的强奸案是适合进行测谎的，这还是要具体问题具体分析。

举一个例子。

一名男领导深夜给女下属打电话，要求女下属到其住宿的酒店送一份文件。女下属称时间太晚了，过去找他不方便，想第二天再去送。

但男领导称时间紧急，自己必须赶在第二天开会之前，详细看一下这份文件。于是，女下属思考再三后，还是决定去给男领导送文件。

女下属陈述，当她到达男领导居住的酒店，进到男领导的房间，将文件交给男领导后，男领导采取各种措施不让她离开，并提出希望与她发生关系。在她表示了明确拒绝后，男领导恼羞成怒，在该酒店房间内强行与她发生了关系。

发生关系后，男领导逼迫她到浴室冲洗了身体，这才放她离开了酒店房间。

她回到家中，与家人说明了自己的遭遇，在家人的鼓励下报了警。

按照女下属的说法，案发当晚男领导强迫自己与其发生了性关系。

但男领导却称，案发当晚，女下属确实去过自己酒店的房间。在收到文件后，他与女下属就第二天会议的一些场地布置事宜，进行了一下核对。两人核对完后，女下属就离开了房间。两个人根本没有发生过性关系。

这起案件，是适合进行测谎的。

原因很简单，因为本案通过测谎来帮助判断的问题是，案发当晚，女下属与男领导是否发生过性关系。

测谎目标其实是一个客观的行为，即“有没有发生过性关系”。

换言之，发生过性关系就是发生过，没发生过那就是没发生过，不会因为男领导或女下属主观感受或感情的改变，出现改变。

但有的强奸案，就不太适合进行测谎。

举个例子。

一次同学聚会之后，一名女同学不胜酒力，一名男同学主动提出载女同学回家。路上，两人聊到了学校时光，感慨白驹过隙，青春不再。不大一会儿，就到了女同学家的楼下。男同学主动扶女同学上了楼，一进女同学家门，两人就纠缠在一起，发生了关系。

女同学称，这名男同学进屋后剥掉了自己的衣服，然后压在自己身上，强行与自己发生了关系。在男同学施暴的过程中，她曾经说了“不要这样”，但由于她也饮了酒，身上并没有力气，所以未能够阻止男同学的暴行。

男同学则称，女同学的衣物确实是他脱掉的，当晚两人也确实发生了关系。但是，女同学是自愿与他发生关系的，其当时口中所说“不要这样”，更像是一种调情的语气，他并没有强迫她。

换言之，这名男同学对当晚自己做过的客观行为均承认，但只是辩称其主观上认为当时该名女同学也是自愿，自己并未强迫与其发生关系。

案件承办人询问测谎师，能否帮助核实一下，这两人发生关系的当时，男同学主观上究竟是否知道，女同学其实是不愿意的？

综合本案案情来看，这是比较困难的。

原因在于，需要核实的东西，是极容易被扭曲的主观感受。

就算案发时，男同学真的是强迫女同学与自己发生了关系，但时至今日，他或许已经改变了对当时情境的认识和理解。他可能会不断告诉自己，那个女的本来就是想主动跟我发生关系的，不然她不会在车上跟我聊她的感情经历，不会同意让我扶她上楼，更不会让我进她的家门。她没有直接提出想跟我发生关系，那只是因为她作为女性有些难为情。哪怕发生关系时，她用手推我，哪怕发生关系时她喊不要，那也只是对我的一种撒娇而已。

如果是这样，那么即使事实是他强迫女同学与自己发生关系，但现在的他已经坚定地认为，女同学完全是自愿与他发生关系的。

相反地，就算当时女同学真的是自愿，甚至主动与男同学发生了关系，但发生关系后，她可能发现男同学并没有她想象中那么好，她可能会在激情退去后为自己的行为感到愧疚，她可能会觉得对不起自己的男朋友，所以她可能后悔了。但这毕竟是她自己选择的，所以她会告诉自己，一定是他当时强迫跟我发生关系的，不然我怎么会主动与这样的人发生关系？我这样的人怎么会做出这种事情？

如果是这样，那么即使事实是女同学自愿与男同学发生关系，但她心里也始终认定，她自己其实是被迫的。

这种解释方法虽然不够严谨，却比较通俗易懂。

但如果要从心理学的角度，继续深挖这种现象为什么会出现，就不得不提到一个概念——心理防御机制。

心理防御机制，是精神分析学派中的一个重要概念。

精神分析学派认为，我们每个个体在生存过程中，不可避免地会遭遇到挫折或冲突，比如学业的失败、人际的失败、婚姻的失败。当遭遇到挫折或冲突时，我们内心必然会体验到强烈的痛苦。

那么，我们如何去减轻这种内心的不安，如何去重新恢复心理的平衡？

心理防御机制就是在这种情况下产生的，而它出现的作用意义也就在于，帮助我们个体缓和心理矛盾，消除焦虑，最终更好地适应环境。

简单来说，心理防御机制，往往是个体通过扭曲自身的主观认知，从而减轻个体的内心冲突，重新实现个体内心的自平衡。

直接解释这个词，或许有些难以理解，所以我在这里还是先举一个例子。

有一个男孩一直喜欢着一个女孩，几年来他始终十分努力地追求这个女孩，最终却依然没能俘获芳心。

最后，他无法接受自己努力了这么长时间，女孩却依然不喜欢他的这个事实，因为那会让他觉得自己是一个特别缺乏魅力的人，也会让他体验到强烈的内心冲突。

于是，为了让自己能够接受这个令人难堪的事实，他会无意识地扭曲自己的主观认知。他会告诉自己：

“我没有跟那个女孩在一起，不是因为她不喜欢我，而是因为我现在根本已经不喜欢她了。”

在这个例子中，男孩的这种做法，就是一种心理防御。

回到这起强奸案中。

男同学事后，同样可能会对自己的所作所为感到愧疚，但面对周围人的谴责和可能面临的牢狱之灾，他必然会体验到强烈的内心冲突和痛苦。于是，他可能会改变自己的认知，认为女同学是主动投怀送抱的，从而帮助自己重新实现内心的平衡。

谈到这里，我们稍作展开，来具体说明一下，与测谎关系比较密切的几类心理防御机制的常见表现。

按照精神分析学派的观点，常见的心理防御机制，大致有以下几种。

一是压抑。这是最为常见的心理防御机制，也是我们个体摆脱焦虑最为基本的方法。

具体来说，“压抑”是指个体将那些痛苦的、令人焦虑的个人经历和体验，压抑到潜意识中，从而减轻个体内心的痛苦。

但这种“压抑”所带来的忘却只是表面上的。事实上，这些令人痛苦的个人经历只是被压制在潜意识之中而已，但它们并没有消失。在某些时刻，它们会以某些变形的姿态出现，并很有可能会表现出惊人的破坏力。

二是否认。它是通过扭曲个体在创伤情境中的思维、感受和情感，或者干脆否定事实的存在，而减轻个体焦虑感的一种方式。

比如，个体还处于儿童期时，当他遭遇到令他恐惧或焦虑的事物时，往往会用双手捂住眼睛，不去看这个让他产生负面情绪的事物，假装这一事物并不存在。这其实就是心理防御机制中“否认”的一种典型表现。

“否认”这种防御机制，往往带有一种自欺欺人的意味，即“事情发生了，但是我不接受”或“事情发生了，但我假装它没有发生”。

另外一个典型的例子是，当病人不幸离世时，他的亲人往往会一边抱头痛哭，一边捂着耳朵叫道：“这不是真的，这不是真的。”

三是投射。所谓投射，其实就是把自己的想法、态度和一些欲望“投射”到别人身上。

具体来说，当个体出现一些罪恶念头和邪恶想法的时候，由于自己很难接受这些想法，于是为了恢复内心的平衡，便把这些罪恶的念头和邪恶的想法转移到别人身上，认为是别人具有这些邪恶的想法，并对其进行指责。

这听起来似乎有些不可思议，但在现实生活中其实处处存在。

举个例子，一位女秘书一直希望能与自己的老板进一步发展关系，但几次试探后，老板都不为所动。

在这种情况下，这位女秘书在与朋友的谈话中提到，自己的老板一直在勾引她，但她始终没有同意，所以直到现在他们也没有产生更进一步的关系。这也是一个“投射”的典型例子。

心理防御机制的出现，极易引发个体主观认知的扭曲。这应该引起测谎师足够的重视。

坦白：那些如实交代的说谎者

在测谎实践中，我曾遇到过这样一些说谎者，他们最终在测谎师面前承认了自己的谎言，并进而作出真实的陈述。

出现这种现象的原因其实有很多，但应当强调的是，在面对测谎师时，这些说谎者如实陈述了自己的所作所为，并非因为说谎者一时起意，也并非因为测谎师具有某些独特的人格魅力，使说谎者突然决定承认自己的谎言。

按照说谎者的自述，他们之所以决定承认自己的谎言，一个重要的原因就是，他们在亲自接受测谎的过程中，无一例外地会感受到，自己内心所有的想法和身体上所有的细微变化，已经被测谎仪尽数捕捉和记录。

他们明白，自己的谎言已经无处遁形。

测谎是一门科学，这是让说谎者在测谎师面前，最终选择实话实说的根本原因。

第一个被测人，是一起诈骗案的嫌疑人。与千千万万的诈骗犯罪一样，本案的嫌疑人伪造了一个十分“高大上”的身份，对外宣称，自己有很硬的关系，可以搞到某种普通老百姓搞不到的抢手货。

被害人在与嫌疑人打了几次交道后，对嫌疑人的说辞深信不疑，于是果断地汇款给嫌疑人，请求嫌疑人帮其搞到那种抢手货。

结果，自然就是跟许许多多的诈骗案中发生的一样，被害人在给嫌疑人汇款后，就再也联系不到嫌疑人了。又过了一段时间，被害人在朋友的劝说下，终于明白自己是被人给骗了，于是选择了报案。

嫌疑人到案后却提出，这根本就不是诈骗，而只是简单的民间借贷。由于自己前阵子缺钱急用，于是向被害人借了一笔钱救急，根本没有被害人所说的那些情节，自己更没有伪造过什么“高大上”的身份。

为了明确嫌疑人的辩解是否真实，案件承办人将本案委托到实验室，希望我们能够对嫌疑人进行测谎。

在对嫌疑人针对案件中的一些关键性问题进行细致的询问后，我们将测谎仪的传感器连接到嫌疑人身上，开始对其进行正式的测谎。

问：你是叫 ××× 吗？

答：是。

……

问：关于你和 ×× 之间的那个事情，愿意如实回答吗？

答：愿意。

……

问：你是个经常说谎的人吗？

答：不是。

……

问：你虚构过自己是 × 局的领导吗？

答：……是。

……

被测人的回答让我们颇感意外，因为在之前的对话中，被测人始终坚称，自己从来没有虚构过自己是什么大领导。但在正式的测谎过程中，他却出人意料地回答了“是”。

换句话说，被测人直接承认自己虚构了身份，进行了诈骗。

于是在这一部分的测谎结束后，我们又与被测人进行了一次谈话。

测谎师：刚才我问你的问题，你都听明白了吗？

被测人：听明白了。

测谎师：我所提的问题，你有不理解的地方吗？

被测人：没有。

测谎师：你有什么问题要问我吗？

被测人：没有问题。

测谎师：既然如此，那么刚才在我问你，有没有虚构过自己是 × 局的领导时，你回答了“是”，对吗？

被测人：……对。

测谎师：我希望你能对我做一下解释。

被测人：唉……没什么可以解释的……

于是，在测谎进行的过程中，被测人就这么出人意料地直接承认了自己虚构身份和骗取被害人财物的犯罪事实。这让案件承办人惊讶不已。

第二个被测人，是一名证人。当一起聚众斗殴的案件发生时，他刚好在楼上的房间里，透过玻璃目睹了事件的全过程。但当办案人员向他询问案发时的具体情形时，他却一口咬定自己当时没看到事情的经过。

案件承办人把这个案子委托到实验室，希望测谎师能够通过测谎帮助判断：这名证人在当时究竟有没有看到事情的发生经过。如果有，那么他看到的事情经过究竟是什么样的。

在正式测谎开始之前，测谎师对这名被测人详细讲解了测谎仪的基本原理和测谎的基本流程。

之后，测谎师对这名被测人进行了一次数字模拟测试。

如果被测人之前并未接触过测谎，那么为了让被测人熟悉测谎的整个过程，在正式测谎之前，测谎师可以先对被测人进行一次数字模拟测试。

所谓数字模拟测试，其实非常简单。其基本流程如下：

首先，让被测人从 4 至 8 这五张纸牌中随便抽取一张，由被测人自己翻看自己所抽到的究竟是哪一张牌。

然后，被测人在心里记住这张牌上的数字，并且不需要告知测谎师，自己究竟抽到了哪一张牌。

接下来，测谎师会在被测人佩戴好测谎传感器后，向被测人提出一连串的问题：

你抽到的牌是 3 吗？

你抽到的牌是 4 吗？

你抽到的牌是 5 吗？

你抽到的牌是 6 吗？

你抽到的牌是 7 吗？

你抽到的牌是 8 吗？

测谎师会告知被测人，在被测人回答这几个问题时，被测人需要全部回答“不是”。

举个例子，假设被测人实际抽到的纸牌是 6，那么当测谎师问“你抽到的牌是 4 吗”时，被测人回答“不是”。假设被测人实际抽到的纸牌是 6，那么即使当测谎师问“你抽到的牌是 6 吗”时，被测人仍要回答“不是”。

换句话说，测谎师在这里让被测人故意地撒了一个谎。

最后，在数字模拟测试结束后，测谎师会依据测谎仪图谱的分析结果告知被测人，刚才的测谎结果显示被测人所真正抽到的纸牌，究竟是哪一张。

在正式测试开始前，对被测人进行数字模拟测试，作用主要有以下几点。

作用一：最直接的作用，是让被测人熟悉测谎究竟是如何进行的。

毕竟，绝大多数的被测人从来没有接受过专业测谎。

作用二：由于个体之间从生理到心理都存在很大的差异，所以通过数字模拟测试，测谎师可以迅速地从测谎仪记录的图谱中，捕捉到该名被测人生理指标反应变化的标准化反应波形和个性化特征，从而为接下来针对案情进行的正式测谎提供参考，做好准备。

毕竟，每个人的生理唤醒水平和生理指标反应波形的形态特征，确实可能会存在一定的差异。如果直接进入针对案件的正式测试，对一些个性化特征较强的生理指标反应和变化，测谎师可能会一时之间有些难以下定论。

作用三：让被测人能够直观地感受到测谎仪的科学性。

说谎的被测人能够认识到，与在案情上说谎相比，在一个纸牌游戏中说的谎只是一个微不足道的小谎。但就是这个小谎，都无法逃过测谎仪的测查。所以，如果自己在案件中的关键情节上说谎，那自然更加无法逃过测谎师的眼睛。

诚实的被测人则会认识到，测谎仪是一件精度极高的仪器，测谎师也是一位经验丰富的专业人员，所以只要自己实话实说，就一定会得出诚实的测试结果。

当然，有的人认为，让被测人直观地感受到测谎仪的精确性，应当是模拟测试最为重要的作用。

甚至，有的测谎师会直截了当地向被测人发起挑战：

“你随便抽一张数字牌，信不信我通过测谎，能判断出来你抽到的到底是哪张牌？”

我认为，这种做法是完全没有必要的，也是误解了数字模拟测试的本意。

之所以要进行数字模拟测试，最主要的考虑，应当还是让被测人熟悉测谎是如何进行的，并通过模拟测试了解被测人生理指标的反应特点，从而为之后进行的正式测试提供参考。

至于通过精确的测试结果对被测人产生强大的“心理威慑效果”，虽然也是模拟测试的一项作用，但测谎师不应本末倒置。

但是，在我举的这个例子中，数字模拟测试的“威慑效果”，确实起到了意想不到的作用。

在对这名被测人进行了数字模拟测试后，测谎师与被测人进行了如下对话。

测谎师：根据刚才的测谎，测谎仪判断你所抽中的数字应该是7。对吗？

被测人：是。

测谎师（将电脑屏幕转向被测人）：你来看一下，这是你刚才在回答各问题时生理指标的变化。

被测人：好。

测谎师：我想，在屏幕上，你很直观地就能看出，你在数字 7 上的生理指标的反应，是显著不同于其他数字的。

被测人：是。

测谎师：通过刚才的模拟测试，我认为你也应该熟悉我们今天的测谎是以一种什么样的形式进行的了。接下来，我们就要进入针对那天的事的正式测谎。刚才在咱们两个的谈话中，你告诉过我，你那天没有看到那件事的经过。对吗？

被测人：嗯。

测谎师：好的，一会儿针对这个问题，我要借助测谎仪来跟你核实一下。如果你真的跟我讲的是实话，那在我问你“你说事情发生时你在卧室，是说谎吗”的时候，你只需要回答“不是”就可以了。你听明白了吗？

然而被测人却没有回话。

测谎师于是又重复解释了一遍，被测人却依然没有回话。

被测人在亲自体验了数字模拟测试后，知道自己想要隐瞒的事实必定无法继续隐瞒，于是内心陷入了激烈的冲突中。

最后，这名关键证人向测谎师如实交代了一切。

案发当天，他目睹了事情发生的整个经过，但由于自己与嫌疑人之间的特殊关系，他于是选择了向办案人员声称自己并未看到事情的经过。

第三个被测人，是公司的一名会计。办案人员在查办案件的过程中，依据获取的证据，怀疑她在知情的情况下，参与实施了某起犯罪。

由于被测人始终坚称自己并不知情，于是案件承办人委托我们对其进行测谎，以帮助判断其辩解的真实性。

在对被测人的测谎全部结束后，测谎结果清晰显示被测人的陈述为假话，即她确实是在主观明知的情况下，参与实施了犯罪行为。

正式的测谎结束后，我与被测人进行了如下对话。

测谎师：今天的测谎就先到这里。这是我刚才对你进行发问的所有问题，旁边备注的是你对这些问题的回答。下面请你认真核对一下记录与你刚才说的是否一致，如果一致，请你签字。如果有不一致的地方，也请你给我指出来。

被测人：（沉默）。

测谎师：怎么了？你是有不理解的地方吗？

被测人：……今天的测谎我肯定是通过不了了（即认为测谎给出的结论一定为“说谎”）。

测谎师：为什么会认为自己通不过今天的测谎？

被测人：我也不知道。

测谎师：如果你说的是实话，今天肯定能通过测谎。但如果你撒谎了，那你才会通不过今天的测谎。明白吗？

被测人：嗯，明白。

测谎师：所以你觉得你能通过今天的测谎吗？

被测人：……通不过。

测谎师：为什么？是因为你对我说假话了吗？

被测人：我……

第四个被测人，是我的一位老师所办理的一起案件中的被测人。按照案卷材料的记录，这位被测人是1972年生人。

测谎师在设计题目的过程中，加入了这样一道题目：

“你是1972年生人吗？”

这道题目，实际上是作为一道中性问题，帮助被测人的生理指标逐渐进入测试状态。

但是在测试的过程中，测谎师却发现了一个很奇怪的现象，那就是被测人每次在回答“你是1972年生人吗”时，都会出现生理指标的异常反应。

测谎师以为是自己弄错了被测人的出生年份，于是重新翻看案卷材料，但发现被测人的出生年份确实是 1972 年。

于是测谎师告知被测人：虽然，这道题目与今天所讨论的这件事情并没有什么关系，但是在刚才的测谎过程中，测谎师确实发现，每次测谎师问到被测人年龄的时候，被测人的生理指标反应总是会出现明显的异常。

被测人这才说道，自己户口上的年龄和实际年龄不一样，所以每次问到有关他是不是 1972 年生人时，他总是会出现异常的生理指标反应，因为他事实上并不是 1972 年生人。

这个问题的设置本身，并不是为了直接检测谎言，但却意外地让被测人直观地体验到测谎仪的极高灵敏度。

最终，这次测谎的被测人在测谎结束后，主动如实陈述了自己的行为。

事实上，在测谎过程中，说谎者如实交代自己行为的例子不胜枚举，这里所介绍的仅仅是几个例子。

但正如我在前文中所提到的，我们应当认识到，说谎者之所以会在测谎师面前如实交代自己的行为，最根本的原因就是，测谎是一门科学。

第二章

慎之又慎：测谎之态度

身体线索：测谎师的谨慎

一直以来，我们都有一个美好的愿望，那就是能够通过一个人身体表现出来的一些动作，来判断这个人是否在说谎。

这样的大众书籍也不在少数，并且广受欢迎。

在这些书籍中，常提到的标志着个体说谎的身体动作往往有：眼神回避、以手掩口、触碰鼻子、抓挠脖颈、讲话结巴、摩擦双腿等，甚至还有一些“眼球向左转动是回忆，向右转动是想象”之类的说法。

但这些身体动作的出现，真的可以百分之百地表明，个体确实说谎了吗？

比如，触摸鼻子，真的只会在说谎的时候出现吗？

在紧张的时候、窘迫的时候、认知负荷较重的时候，触摸鼻子的动作就不会出现吗？

在其他的场合和情境中，通过身体表现出的一些动作，来对一个人是否说谎进行判断，如果判断错了，可能会导致一笔金钱的损失、一段感情的破裂、一单业务的泡汤，甚至一场谈判的失败。

但在司法领域这种事关个人有罪或清白，甚至事关生死的特殊情境中，如果对谎言的判断出现错误，那么后果将是毁灭性的。

也正因如此，在对待身体动作的线索上，测谎师必须十分慎重。

以“目光转移”这一身体动作为例，因为它最为我们熟知，也最具有代表性。

很多时候，我们会说：“我认为他在说谎，因为他在回答我时，眼睛不敢直视我，而是偏向一边。”这其实就是“目光转移”。

一直以来，“目光转移”被看作人说谎时，会出现的一种特殊身体动作。但我接下来，要讲一个我曾经参与办理过的测谎案件。

这起案件中的被测人，是一起强奸案的嫌疑人，他在车内控制住被害人后，强行与被害人发生了关系。

当他在测谎室接受测谎时，我与他有过下面一段对话。

我：那天你们两个发生关系，是谁提出来的？

被测人：是她提出来的。

我：那么详细说一下当时的情形。

被测人：当时我坐在主驾驶座位上，她坐在副驾驶座位上，我的右手放在车挡上，她忽然伸出左手，放在了我的右手上。我说你干什么，挺危险的，快拿开。她却没有把手拿开，而是开始来回抚摸我的右手。

我：然后呢？

被测人：然后，她就突然凑了过来，亲了我脸一下，让我找个地方把车停一下。

……

虽然后来查明的事实表明，他所说的纯属谎言，但我注意到，当他回答我提出的问题时，目光始终是直视着我的。

坦白讲，在那一刻，我愿意去相信他所讲的，因为我能感受到那直视的目光中含着真诚。

但此时的被测人，其实更像是一个演员。在他走进测谎室前，心中对于谎言已经有过几千次几万次的设计和演练。当他对我开口时，更像是在表演一个剧本。

而我作为倾听者，其实就是他的观众。他的目的就是让我，也就是他的观众，相信他所说的是真的。

所以，许多我们认为能够准确预测谎言的身体动作，在真正的测谎实践中，有时并不十分可靠。

值得一提的是，这次测谎中被测人的身体动作，存在一个反常之处。这是我在事后回看测谎过程中录制的视频时，偶然发现的。

在正式测谎前的谈话过程中，这名被测人始终坐在测谎椅上一动不动。除了偶尔的微小动作，他的手自始至终没有离开过测谎椅的扶手。而他的背，也始终是那么直挺挺地纹丝不动。

这种感觉，两个字就可以形容：僵硬。

想来是因为他担心自己在说谎时，会不自主地表现出一些反常的身体动作，所以有意识地进行了自我控制，尽可能消除了自己身体的所有动作。

而这造成的直接后果，就是整个人的身体看上去十分僵硬和不自然。

这似乎有些聪明反被聪明误。

下面再来说一下“以手掩口”这个身体动作。这个身体动作通常也被认为是说谎者常常会表现出的一个身体动作，但事实上，有时诚实者同样也会表现出这个身体动作。

我以测谎师的身份第一次与被测人谈话时，紧张感之强烈至今仍然记忆犹新。为了更好地修正自己在与被测人谈话时的表现，我对整个谈话过程进行了录像，以方便在测谎结束后进行回看。

在回看录像时，我注意到，自己与被测人有过这样一段对话。

我：那么在你卖这些东西的时候，你知道它们是假的吗？

被测人：不知道，我一直以为我买到的是真货，这才转手往外卖的。如果我知道是假货，是绝对不会往外卖的，这犯法呀。

我：你是什么时候知道货是假的？

被测人：就是在你们来家里找我的时候，我才知道的呀。

回看这段对话的录像时，我十分惊讶地发现了一个有趣的现象，那就是，每次当我问到一些关键问题时，我都会情不自禁地用右手虚掩住嘴。

很显然，我提问这些关键问题，都不是在说谎，但我依然会毫无例外地以手掩口。

如果据此认定我在撒谎，那才是滑稽之极。

仔细回想起来，当时之所以会在提问时出现这种以手掩口的情况，更多地可以归因于我初次主持测谎所产生的紧张焦虑和不自信感。

但无论如何，我并没有撒谎。

还有一个广为人知的说谎的标志性动作，那就是“手势增多”。

有一种观点认为，当一个人在陈述时，如果突然出现了手势的增多，那么这标志着他可能是在说谎。

这种观点同时还提出了一个很有说服力的理由：当陈述者说假话时，他会出现内心的冲突。所以，此时陈述者需要借助手势，来帮助自己认可自己所陈述的内容。

也就是说，说谎者为了能够顺利地表述谎言，会需要肢体动作的“帮助”和“肯定”。

但也可以从另一个角度来解释这种现象，并得出截然相反的结论。

比如，当陈述者说谎时，他所承受的认知负荷较重。因为众所周知，谎言总是要比实话更为复杂。也正因如此，陈述者说谎时，必然会消耗更多的认知资源。而由于他所消耗的认知资源过多，所承受的认知负荷较重，因此也会导致他本该出现的手势，出现了显著的减少。

简单来说，就是当陈述者说谎时，他的全部精力都消耗在说谎本身，而无法再表现出本该有的手势。

从这个角度来看，“手势减少”才是陈述者说谎的标志。

那么，“手势增多”和“手势减少”，究竟哪一个才是说谎的标志？

依照第一种观点，很多时候，说谎者为了缓解自己说谎时的内心冲突，会表现出一些过多的，甚至不协调的手势动作。

但是，更为常见的情况是，诚实者在回忆案发当时的具体情节时，往往也需要借助手势的动作和描述，来协助自己完成回忆的任务。

在这种情况下，诚实者同样也会表现出手势的明显增多。

有一位证人在接受测谎仪测谎之前，对测谎师描述了这样一段案件细节：

测谎师：你最初听到声音，是在哪里听到的？

被测人：在屋子里听到的。当时我正在厨房做饭，就听到外面有声音。

测谎师：你听到什么声音？

被测人：就是有人骂骂咧咧的声音。

测谎师：你接下来做了什么？

被测人：我就走到窗户前面，看看到底是哪里出的声？

测谎师：你走到窗户前面后，看到了什么？

被测人：我当时就看到院子正中央躺着个人，头冲着那个棋桌的位置躺着。

测谎师：周围还有什么人吗？

被测人：有，应该还有三个人。

测谎师：说一下这三个人各自的位置。

被测人：第一个人站在躺着的那个人的左边，感觉跟躺着的人隔着有一米左右。第二个人正往车棚的方向走着，我看到他的时候，他已经走过了躺在地上那个人的位置，还在往前走（右手食指指着正前方）。第三个人站在仓库门口，那间仓库是从左起第二间仓库（双手抱成一个圆弧状，比画这间宿舍的位置），对面一共有五间并排的仓库（双臂张开，比画五间仓库的位置），中间那一间是我们家的仓库（右手食指指着正前方）。第三个人是站在左起第二间仓库的门口，基本上是正对着躺在地上的那个人（右臂伸出，手掌向内，比画二人所处的位置关系）。

……

在这一段陈述之前，被测人始终都没有出现明显的手势。但在这一段陈述的过程中，被测人在描述案发当时自己所见到的景象时，却出现了大量的手势。

但经过之后的正式测谎，结果显示，这名证人的陈述是真实的。

由此可见，在这次陈述中，被测人是通过手势在帮助自己回忆案发当时所看到的景象，而并非因为说了谎话。

依照第二种观点，我们在说谎时会耗费大量精力，从而导致手势减少。

但很多时候，需要耗费我们大量精力的，并不一定就是谎言。

我再举一个例子。

这个案例中，测谎师与被测人的对话如下。

测谎师：这份合同你当时交给了谁？

被测人：我当时交给了我们公司的财务总监。

测谎师：这份合同的内容是什么？

被测人：内容就是我们公司从其他公司购买一批过滤设备。

测谎师：那么，这份合同是谁给你的？

被测人：是我的部门经理。

测谎师：他交给你合同时，怎么跟你说的？

被测人：没有，就说签成了，让我把合同交给财务总监。

测谎师：你把合同交给财务总监后，又接触过这份合同吗？

被测人：我需要回想一下，后面的事情我的记忆有些模糊。

测谎师：好的。

（被测人思索了几秒钟）

被测人：财务总监签完字后，应该是又把合同交给了我。我记得她跟我说，直接把合同交给我们公司的会计就行了。

……

值得注意的是，被测人在陈述过程中，始终伴随丰富的手势动作，但在最后的这段陈述时，被测人所有的手势动作都消失了。

而随后的测谎结果显示，被测人的陈述是真实的，他当时的确又把合同交给了公司会计。

鉴于此，“手势减少”既可能是因为陈述者在说谎，也可能是简单地因为陈述者在努力地回想或分析一些复杂困难的事情而已。

这么看来，无论是“手势增多”，还是“手势减少”，似乎都不能完全准确地说明被测人一定说了假话。

实际上，按照华生行为主义学派的观点，这些身体动作，大多属于外显行为。外显行为虽然易于被观察，但如果要将它们与说谎之间完完全全地画等号，恐怕就要出问题了。

当然，我绝不是说，身体线索对于识别谎言完全没有用处。

我想要表达的是，在很多时候，身体动作线索对于帮助识别谎言确实有用，但并不一定能完全准确地识别谎言。

事实上，在测谎实践中，身体线索确实起了不可替代的重要作用。但这种作用，更多的是体现在，通过身体线索来帮助测谎师迅速判断被测人的心理状态，及时发现和掌握被测人的情绪情感变化，从而为测谎师更好地利用测谎仪测谎提供线索，指明方向。

关于身体线索在测谎中如何应用，我在后文中还会有论述。

但无论如何，如果仅仅是依靠几个身体线索就来判断被测人所陈述内容的真假，那么测谎就成了伪科学。

真假混杂：不存在的刀

案件承办人在将案件委托到测谎实验室时，连同卷宗材料一起交给测谎师的，还有一张“委托鉴定书”。

在这张委托鉴定书上的醒目位置所写的，就是“测试目标”。

所谓测试目标，即案件承办人委托测谎师通过测谎，来帮助他们进行判断的问题。

测试目标的表述往往比较简单概括，但测谎师要做的，是将这个简单概括的测试目标进行拆解，先分解为主要的测谎点，之后再展开为一个整体的网络。通过对这个网络中各个节点的情节的真实性进行逐步验证，最终明确测试目标需要测谎师核实的问题。

要说明这一点，必须有相关的例子作支撑，否则太过抽象。

所以，我虚构了这样一个例子。

一起强奸案，被害人报案称，自己前一晚遭到一名男子强奸。被害人与嫌疑人是在一次朋友聚会上认识的，嫌疑人介绍自己是本地一家银行的部门经理。

那次吃饭之后，二人继续在网上保持着联系，但再也没有见过面。

这天中午，被害人又接到了嫌疑人的电话。嫌疑人在电话里说，他的一个外地朋友给他带了些土特产，他想给被害人送过来尝尝鲜。

被害人在电话里说不用，嫌疑人却说不用她操心，说完就把电话挂了。于是被害人也就没把这事放在心上。

而关于案发当晚的具体情形，嫌疑人与被害人则出现了两种截然不同的说法。

被害人陈述，案发当晚十点钟，自己的手机响了。被害人接听后，发现是嫌疑人打过来的。嫌疑人在电话里说，他来给被害人送土特产，现在已经开车到被害人小区的门口了，让被害人下楼拿东西。

被害人看了看表，称时间太晚，第二天再说。嫌疑人却说，如果被害人不下来，他就一直在车里等到天亮。

无奈之下，被害人只得换衣服下了楼。走到小区门口，被害人看到嫌疑人的车就停在小区门横杆的旁边。嫌疑人在车内招呼被害人，于是被害人打开了副驾驶的门。嫌疑人指了指后座，说东西在后座上放着，又指了指副驾驶的位置，示意被害人坐到副驾驶的位置上。

被害人也没多想，就坐到了副驾驶的位置上。正当她想要回身去拿后座上的东西时，车门突然被锁上了。

被害人还没有反应过来，副驾驶的座位紧接着被放倒。嫌疑人从主驾驶的座位上一转身迈了过来，一下子就压在了被害人身上。接着就开始亲吻被害人，一边亲吻一边说，宝贝我喜欢你。

被害人被吓坏了，随即冲嫌疑人喊道，干什么！救命！

嫌疑人迅速地掏出了一把刀子，在被害人面前晃了晃，威胁其如果出声就弄死她。

被害人陈述，当时她闻到了嫌疑人身上的酒气，她害怕在封闭的空间内，嫌疑人真的会做出什么可怕的事情，于是她不敢再出声。嫌疑人开始脱被害人的裤子，把她的裤子和内裤一起拽到脚踝处，紧接着自己也把裤子脱了。随后，嫌疑人在副驾驶座上强行与被害人发生了关系。

但嫌疑人到案后，却坚称这是一起敲诈。

嫌疑人供述，案发那天，嫌疑人的朋友给他送来了一些土特产，于是他想到给被害人送一些过去。被害人却称白天没有时间，让嫌疑人下班后送到她家的小区门口，她到时候自己下来取。没想到，那天晚上嫌疑人临时有一个饭局没法脱身。等饭局结束，已经是晚上九点多。

嫌疑人心想，既然都已经答应了被害人，就不能爽约，于是开车来到被害人居住的小区，并电话联系了被害人。过了十几分钟，被害人的身影就出现在了小区门口。

嫌疑人供述，被害人当时穿了一身白色的睡袍，她打开副驾驶的车门，一屁股就坐了进来。两个人坐在车里闲聊了几句，被害人忽然凑到嫌疑人耳边，问他晚上是不是喝酒了。

嫌疑人说喝了，但是喝得不多。被害人随即问道，你想不想那个。嫌疑人吃了一惊，但很快也反应过来，于是伸出右臂揽住被害人，两人就在车内开始亲吻。

亲吻了一阵，嫌疑人就把副驾驶座位放倒了。被害人开始脱自己的裤子，嫌疑人顺势一转身，把左腿迈到了被害人两腿中间，紧接着整个人压了上去，二人就发生了关系。嫌疑人称，那天身体状态不好，又喝了酒，所以很快就结束了。

结束后，嫌疑人问被害人，第二天是否有空。被害人称，第二天没有时间，因为她正在准备出国学习。嫌疑人吃了一惊，因为在此之前，被害人从来没有提过要出国学习的事情。被害人接着说道，她出国学习还需要一些钱，问嫌疑人能不能借给她三万块钱。

嫌疑人立刻警觉起来，脑海中迅速掠过了一个词——敲诈。

嫌疑人在供述中称，他是从那个时候开始怀疑，一个小学音乐老师，为什么突然要出国读书学习？他觉得，被害人所说的出国学习的事，根本就是她瞎编的，她应该是先跟自己发生关系，然后再敲诈自己。他甚至想到，被害人可能是专门干这一行的。

于是嫌疑人说，自己没有那么多钱。

被害人突然就翻了脸，说这点小事都不帮，这朋友没得做了。还有，嫌疑人刚才强奸她了，她要报警。

嫌疑人听到这最后一句话，吓得不轻。他有些害怕。因为如果被害人真的去告他强奸，这件事他说不清楚。但他还没来得及阻拦，被害人就下了车。嫌疑人也没有继续去追她，发动了车就回家了。

几天后，警察找到了他。他才得知被害人真的到派出所，控告自己强奸了她。

双方的陈述大致是这样，测试目标也很清楚：通过测谎，帮助判断案发当晚，嫌疑人是否强行与被害人发生关系。

这个测试目标看起来很简单，但测谎师要做的，并不是直接通过测谎仪向嫌疑人发问：

“你说，那天晚上你没有强奸被害人，是说谎吗？”

测谎师要核实的内容的确在此，但却需要设计出数套测谎题目，从多个角度核实这一情节的真伪性。

综合分析所有的在案证据材料，再结合案件中嫌疑人和被害人的各自陈述，测谎师首先将测试目标进行拆解，明确嫌疑人与被害人陈述中的关键性情节和行为的主要分歧点。

一是，车门是否上锁。

被害人称，自己上车后，车门立刻被嫌疑人上锁，自己无法下车。

嫌疑人则称，被害人上车后，自始至终车门都没有锁，被害人完全可以自由选择下车。

二是，发生关系是由谁提出来的。

被害人称，自己上车后，嫌疑人直接放倒副驾驶座，压在她身上，要与她发生关系。

嫌疑人则称，是被害人主动问他“想不想那个”，他才与她发生关系的。

三是，被害人的裤子是谁脱的。

被害人称，是嫌疑人将其裤子和内裤一起脱下来的。

嫌疑人则称，是被害人自己脱的裤子。

四是，嫌疑人是否带刀。

被害人称，嫌疑人当晚确实携带了一把刀，但并未看清嫌疑人从哪里掏出的这把刀。

嫌疑人则称，自己从不带刀，自己的车里也没有刀，案发当晚也从没有见过刀。

五是，嫌疑人是否持刀威胁被害人。

被害人称，嫌疑人持刀威胁其不要出声，自己于是不敢反抗。

嫌疑人则称，自己自始至终没有见过任何刀，更没有拿刀威胁过被害人。

六是，被害人是否提出借用三万块钱。

被害人称，自己从未向嫌疑人提过借钱的事。

嫌疑人则称，当晚两人发生关系后，被害人向嫌疑人提出借三万块钱出国学习。

这是双方陈述的主要分歧点。

换句话说，测谎师要核实的测试目标是"嫌疑人是否强奸被害人"，但具体到本案中，需要以这六个测试点为基础来编制题目，从不同角度来共同判断"嫌疑人是否强奸被害人"。

假设，依据这六个测谎点设置题目，对嫌疑人的测谎显示：嫌疑人当晚确实携带了一把刀，并且用这把刀威胁过被害人；当被害人上车后，嫌疑人将车门锁上了，被害人于是无法自由下车；嫌疑人主动提出发生性关系，并且是他脱掉了被害人的裤子。

那么，面对这样的测谎结果，我们可以进行这样一个合理的判断：案发当晚，嫌疑人的确是强行与被害人发生了关系。

但如果对嫌疑人的测谎结果显示：嫌疑人根本就没有带过刀，更没有威胁过被害人；车门自始至终没有上过锁，被害人可以随时自由下车；被害人自己主动提出发生关系，并且自己脱掉了自己的裤子。

那么，我们也可以得出一个合理的结论：案发当晚，被害人是自愿与嫌疑人发生了关系。

当然，这只是第一层测试点的设置。测谎师还需要根据第一层测试点的测试结果，灵活地设置第二层测试点。

举个例子。测试点四聚焦于案发当晚，嫌疑人是否带刀。

但是，如果对这一测试点的测谎结果表明，嫌疑人当晚确实带了刀，那么测谎师需要进一步设置第二层测试点，来进一步印证第一层测试点的准确性，对第一层测试点进行更为精确的核实。

比如，测谎师可以进一步设置这样的问题：

“这把刀哪儿去了，你知道吗？”

之后，列出这把刀可能的去向，一一向被测人发问。

如果被测人在刀的某一去向上，出现了显著的生理指标异常反应，那么一方面印证了对测试点四的测谎结果，另一方面也更加细化了测试点四的测谎结果，从而为下一步开展工作提供帮助。

也正因如此，在真正的测谎开始前，测谎师的脑中实际上已经形成了一个网络，依据这个网络中每一个节点的测试结果的不同，选择下一步的不同测试方向。

在对嫌疑人进行正式测谎后，测谎结果显示：案发当晚，嫌疑人根本就没有拿过刀，更没有持刀威胁。并且，被害人确实是主动脱的衣服，自愿与嫌疑人发生了关系。

这一测谎结果表明：嫌疑人并未对被害人实施强奸行为，那把刀也是被害人编造出来的情节。

值得一提的是，在本次测谎过程中，还出现了一个小插曲。而这段小插曲的出现，本身也值得思考。

通常，当个体作出一段陈述时，我们可能会想当然地认为，这段陈述应当是非真即假的：要么，它是实话；要么，它是谎言。

但现实世界的谎言太过复杂，在很多时候，我们这种简单的二分法会难以应付。

原因在于，在测谎的司法实践中，纯粹的“真话”和纯粹的“假话”，其实都不多见。更为常见的，是“真假混杂”的陈述。

来看下面一段陈述：

“下午五点多钟，队长过来喊我们三个，说赶紧收拾一下，一会儿出去。我们三个问出去要干什么，队长说别问那么多，到时候就告诉你们。我和另外几个人于是穿上衣服，跟着队长上了一辆白色的面包车。在车上我们也都没有说话，就那么坐了一路。过了二十分钟，车停了，我下了车一看，是在一个工厂附近停下的。这时候，队长过来跟我们几个说，有人来闹事，大家拿家伙去干他们，家伙就在车里，大家现在去拿。我这才知道出来是要跟人打架的，感到很害怕，有不好的预感，但又不敢不听队长的，所以就跟着他们到车里拿了刀。再后来，我们就跟对方那伙人起了冲突，双方就动手了。我站在后面不想动手，但是队长在后面一直推搡我，说我要是不动手，现在就先弄我，我这才被逼无奈动了手。”

对于上面这段陈述，我们并不能简单地将整段陈述定性为“实话”或“谎言”，而应当做精细化的分析检验。

当事人这段陈述的真伪性，其实是这样的：

“下午五点多钟，队长过来喊我们三个，说赶紧收拾一下，一会儿出去。我们三个问出去要干什么，队长说别问那么多，到时候就告诉你们。”

这句陈述是真实的陈述。

但陈述者随后其实撒了一个让人不易察觉的“隐瞒式谎言”。

事实是，当队长说“别问那么多，到时候就告诉你们”之后，陈述者依然坚持追问到底要去干什么，于是队长在这个时候就告诉了陈述者，砖厂那边来了人闹事，需要咱们带上家伙去干他们。

也就是说，在到达案发现场之前，陈述者其实就已经知道此行的目的了。

而在这段陈述中，陈述者隐瞒了这段事实。

“我和另外几个人穿上衣服，跟着队长上了一辆白色的面包车。在车上我们也都没有说话，就那么坐了一路。过了二十分钟，车停了，我下了车一看，是在一个工厂附近停下的。”

这句陈述也是真实的陈述，陈述者在这段叙述中没有掺杂任何类型的谎言。

“这时候，队长过来跟我们几个说，有人来闹事，大家拿家伙去干他们，家伙就在车里，大家现在去拿。我这才知道出来是要跟人打架的，感到很害怕，有不好的预感，但又不敢不听队长的，所以就跟着他们到车里拿了刀。”

这是一段“真假夹杂”的陈述。“真”的是队长确实对他们讲了这样的话，“假”的是陈述者其实早就已经知道要来做什么，而不是“我这才知道出来是要跟人打架的”。

“再后来，我们就跟对方那伙人起了冲突，双方就动手了。我站在后面不想动手，但是队长在后面一直推搡我，说我要是不动手，现在就先弄我，我这才被逼无奈动了手。”

这句陈述也是一段真假夹杂的陈述。

具体来说，“真”的部分是陈述者当时确实是在队长的推搡下才动的手。

而“假”的部分是，当时的案发现场，其实是陈述者这一方的多人，殴打对方的一个人，根本就没有陈述者所说的“对方那伙人”，自始至终对方就只有一个人而已。

所以，从总体上看，陈述者的这一整段陈述其实是真假混杂的陈述。

在案发的时间、地点和具体的经过上，陈述者做了诚实的陈述。

但是，在对方的人数、自己何时知道是要去打架等方面，陈述者做了虚假的陈述。

也正因如此，测谎师不能轻易地完全肯定一段陈述的真实性，也不能粗糙地彻底否定一段陈述的真实性。

回到本案中，测谎师在对嫌疑人进行测试时，依照“车门是否上锁——是谁提出发生关系——被害人的裤子是谁脱的——当晚是否带刀——是否持刀威胁过被害人——被害人是否提出过借三万块钱”的测试顺序，对嫌疑人进行了测谎。

对前五个测试点的测试结束后，测谎结果显示：嫌疑人所说的全部是实话。也就是说，他当晚确实没有带刀，没有持刀威胁过被害人，没有锁车门，也没有强迫被害人与自己发生关系。

由于测谎结果清晰，能够明确被测人并未实施强奸行为，测谎师曾考虑不再对第六个测试点（被害人事后向嫌疑人提出要借三万块钱出国学习，这一情节是否存在）进行测试。但综合考虑后，最终测谎师还是对这一问题进行了测试。

然而测谎的结果有些出乎测谎师的意料。

因为嫌疑人在这一问题上的测谎结果显示，他说的是谎话。也就是说，被害人向他借三万块钱的事情，是他自己编造出来的。这说明，嫌疑人的供述，其实也是“真假混杂”的供述。尽管他的确没有强迫与被害人发生关系，但在后来被害人向他借三万块钱的事情上，他说谎了。

现场：还是现场

对于测谎师来说，只要案件中存在犯罪现场，原则上就一定要走一遍现场。

毕竟，单纯通过案件的卷宗材料，许多东西并不一定能够得到直观的体现。

也正因如此，如果测谎师仅依靠卷宗材料来进行整个测谎的准备和设计，那么有可能会遗漏掉重要的测谎点，或者是造成测谎方向发生偏离。

在上一篇文章中，我构思了一个强奸案的例子。在对这起强奸案中的嫌疑人进行测谎后，测谎结果明确了，案发当晚，嫌疑人并没有强迫与被害人发生关系，也没有带过刀，更没有拿刀威胁过被害人。

那么我们自然会想到这个问题：为什么被害人非要编造出嫌疑人“持刀威胁自己”的这个情节？

现场的重要作用在这一案件中得到了体现。

测谎师在案发时的那辆车上很快发现了问题——这辆车副驾驶座的空间实在是狭小，根本没有被害人说的那么大的空间。

而在此之前，测谎师还做了另外一项工作，就是对被害人的身体特征也进行了认真的核实。

对被测人的身体特征进行核实，是测谎师在准备测谎过程中的一项必做工作。

曾经有这样一个故事，一女子到衙门状告一男子将自己强奸。县令听完该女子的陈述后，传唤该男子上堂，却发现该男子瘦弱不堪，而该女子却身壮有力。

县令指着那名男子问该女子：“是不是他强奸了你？”

女子回答：“是。”

县令又问男子有没有对女子实施强奸，男子大喊冤枉，称从来没有做过这件事。

于是，县令当场对男子说道：“你现在去抢她身上的钱袋，如果能抢过来，我定你无罪，她钱袋里的钱也都是你的了。”

男子听闻后大喜，但几次尝试，都没有能够成功抢到该钱袋。

最后，男子被女子一把推倒在了地上。

县令于是问女子：“他能抢到你的钱袋吗？”

女子正在得意，说道："就凭他？"

县令此时却质问道："既是如此，他如何能够对你成功实施强奸？"

所以，核实案件当事人的身体特征，确实是一项不能遗漏的工作。而这起强奸案中，被害人年龄三十出头，身高一米六五，体重一百一十斤，身体相对来说比较强壮。

相反，嫌疑人的身体则显得要单薄许多。

由于在嫌疑人与被害人的陈述中，始终未提及被害人因为醉酒或药物之类的原因，导致意识出现模糊甚至丧失的情形，因此可以认定在案发当时，被害人是具有完整清晰的意识的。

结合嫌疑人与被害人的身体特征，从这辆车的车内空间判断，在这辆车副驾驶的狭小空间内，一名瘦弱的男子想要独立地将一名像被害人这样身体结实、意识清晰的中年女性强暴，其实并不是一件十分容易的事。在这种情况下，被害人如果进行激烈的反抗，可能导致强奸行为的被迫中止。

要使这种情况下的强迫行为得以成功，有一种可能，就是被害人受到了极大的威胁，而不敢，甚至不能进行反抗。

所以才会有了那把不存在的刀，那把嫌疑人威胁被害人的刀。

也唯有如此，一切才能解释得通。

关于现场在测谎中的重要作用，我再举一个例子。

嫌疑人在一条街上经营一家餐馆，生意一直比较红火。后来，被害人也来到这条街上开了一家餐馆。由于被害人采取了比较新颖的吸引顾客的方式，再加上被害人餐馆的口味不错，于是顾客们都去被害人开的餐馆用餐。这直接导致了嫌疑人餐馆的经营状况急转直下，顾客变得越来越少。

时间久了，嫌疑人对被害人愈加记恨，两家餐馆也从最初的恶性竞争，变成了频繁的口角和直接的冲突。

案发这天晚上，嫌疑人叫上店内的一名男服务员，两人走进被害人的餐馆，准备找被害人理论一下。

此时，被害人的餐馆已经下班，被害人打开门后，嫌疑人和男服务员走进餐馆，一边走一边与被害人理论。三人说话间，被害人走进了餐馆里面的一间房间，这间房间平时被他当作卧室使用。嫌疑人与男服务员也跟着被害人走进卧室。随后，在卧室内，三人发生了争吵，并爆发了严重的冲突。

最终，被害人被一把水果刀刺中了前胸，导致死亡。

至于究竟是谁拿刀刺死了被害人，嫌疑人和男服务员相互推诿。嫌疑人称，是男服务员动手刺死了被害人，自己没有来得及阻止。男服务员则称，是嫌疑人刺死了被害人，自己只是陪嫌疑人一起过去找被害人，自始至终自己没有动过手。

于是案件承办人委托测谎师进行核实，究竟是谁杀死了被害人？

测谎师接受委托后，开始查阅卷宗材料，着手设计本案的测谎思路。

而在测谎师设计测谎思路的过程中，一份证人证言引起了测谎师的注意。

这份证人证言来自被害人餐馆的一名员工。证人称，案发时自己正巧走过了被害人餐馆的门口。

当时，门是关着的。这名证人站在大门口往里看，看到自己的老板与另外两名男子走进了卧室。借着卧室的灯光，他看到是男服务员拿刀刺死了自己的老板。

如果这份证词属实，那么对于这次测谎，无疑将具有重大的帮助。

在正式测谎之前，测谎师重新来到了案发现场。一到现场，测谎师就发现了问题。

其实存在的问题很明显，那就是，站在餐馆的大门口，无论从哪个角度，都根本看不到卧室房间内的情景。

再举一个例子。

这是一起“路怒”引发的案件。嫌疑人开车带全家人外出游玩，途中遇到一辆白色轿车多次危险超车。幸亏嫌疑人反应迅速，操作及时，才避免了车祸的发生。

待危机解除后，嫌疑人火冒三丈，想要与白色轿车的司机理论，于是一踩油门追了上去。在追赶白色轿车的过程中，嫌疑人的车辆与白色轿车发生了车祸。

嫌疑人称，车祸发生后，双方都停下了车。嫌疑人迅速从车上下来，直奔白色轿车走了过去。此时，被害人也从白色轿车中走了出来。嫌疑人大吼一声“你找死啊”，就冲被害人走了过去。被害人一边倒退一边与之对骂，结果没倒退几步就一屁股摔在了地上。后来，听说被害人受了重伤，估计是被害人摔倒时造成的。但是嫌疑人坚称，自己自始至终并没有碰过被害人，是被害人在倒退过程中自己摔倒的。

被害人则称，自己下车后，嫌疑人就走上前来，一句话也没说，直接朝被害人左上臂重重地打了一拳，自己毫无防备，一下子就失去重心，摔倒在地上。

简言之，嫌疑人称，被害人摔倒是被害人后退时自己绊倒了自己，与自己无关。而被害人则称，自己摔倒骨折是嫌疑人造成的，因为嫌疑人打了自己一拳，造成了自己失去重心摔倒在地。

测谎师在了解了具体的案情后，也产生了这样的疑问，即如果嫌疑人没有击打被害人，那么在没有外力的情况下，被害人为何会在倒退过程中突然摔倒在地？

最终，这一疑问还是在测谎师重新回到现场后得到了解决。

测谎师在案发当时的确切位置，发现该处的地面存在一块不规则的凹陷，该凹陷处与被害人摔倒的位置基本一致。

测谎师亲自试验，发现在倒退行走的过程中，此处确实极易摔倒。

这说明，即使在没有外力作用的情况下，被害人至少是存在自己被绊倒的可能的。

当然，究竟是谁在说谎，最终还是要通过正式的测谎来进行核实。但通过对查看现场获取的新信息，确实帮助测谎师完善了测谎思路，对本案的测谎题目进行了进一步的修正。

反转：被害反成被告

测谎师也是普通人，并非知晓一切。测谎师所擅长的，其实也仅限于自己的专业领域。如果测谎过程中所涉及的问题，超出了测谎师的专业领域和已有知识，测谎师也会像其他人一样，对这些问题难以应对。

正因如此，在测谎实践中，测谎师并不是单打独斗。比如，在伤害类案件中，专业的法医往往会成为测谎师的好搭档。

举一个我曾经参与办理过的测谎案件。

这起案件的发生地是一片废弃厂房。案情简单来说，就是一名拾荒老人与工地上的保安发生了冲突。冲突过程中，其中一名年轻保安的右手掌骨受伤骨折。

这起案件看似简单，但里面透着古怪。由于现场并没有监控录像，而当事人双方的陈述又存在明显的不同，案件承办人为了弄清事情的真相，将这起案件委托给我们进行测谎。

先来看这名受伤小保安的陈述。

“去年年初，我跟我舅舅一起到这儿，找了份工作，就是帮人看着废厂房区。我们队长嘱咐我们，人家之所以雇我们来看管这片废厂区，是因为这片厂区有许多的废铁和钢筋，许多捡垃圾的人会偷偷地跑来捡废铁和钢筋，所以嘱咐我们一定要留意。发生冲突那天，我是值早班。那天早晨天还没亮，我就看到一个人骑着三轮车进了工地。然后那个人走到一扇窗户前，停下三轮车，从车上拿起一根撬棍，对着那扇窗户就开始忙活。我此时发现他是来偷废铁的，就喊他，让他住手。

“那个人听到我喊他，立刻把撬棍扔在了三轮车上，骑上三轮车转身就要跑。我就马上跑了过去，一把拽住那人的三轮车，不让他走。那人见我拦他，就骂我，让我滚开。我怕我自己拦不住他，就大喊有人偷东西了，快来人。另外几个保安听到声音，就从宿舍出来了。我们队长也出来了，一看这情况，队长嘱咐另一名保安报警，他带着另一名保安跑了过去，围住了那人的三轮车，不让那人离开，让他把车上的东西卸下来。

"那人还是使劲踩着三轮车，想跑。我们队长一看这情形，迅速掏出一把锁，拴住了三轮车。然后那个人恼羞成怒，跳下了三轮车，一边嘴里骂骂咧咧，一边从三轮车里抄起了一根黑色的撬棍，朝我们砸过来了。我当时站的位置正对着那个人，我俩站的位置很近，那个人抡起撬棍砸我的时候，我已经来不及躲了。

"我就本能地抬起自己的右臂一挡，那根撬棍砸在了我的右手上。我当时就感到我的右手特别疼，就按住右手蹲在地上了。我们这边其他几个保安一看，都很生气，就一拥而上，把那人按在了地上。后来警察很快就来了，把我们几人带回了派出所了解情况。那天，自始至终我们这边根本没有人对那个人动手，因为队长嘱咐过，不要让老头儿讹上我们。"

其他几名保安的证词，与这名小保安的陈述基本一致。

但这名拾荒的老人，却描述了另一种事情经过。他的陈述如下：

"我是靠收废品为生的。出事那天，天一放亮我就把三轮车推出来了，然后我骑着三轮车就进了这片废厂区。到了厂区里面，我停下三轮车，从车上拿起撬棍，就开始忙活。这个时候，我就听到远处有人喊我，让我站那儿别动。我也吓了一跳，站在那里也没动弹。然后那个人就朝我跑过来了。等他跑到近前，我一看，那人年纪也不大，也就在二十岁上下，身上穿了一身保安制服。然后那个人飞快地拿出一把大锁，就把我的三轮车锁上了。我问他这是什么意思，他说这片工地是他们兄弟看着的，我来这儿，没经过他们同意。我就急忙跟他道歉，说大兄弟，实在对不起，我以为这里是没人要的地方，才过来捡点废品的。结果那个小伙子不买账，说我就这么说句对不起，事儿不能算完。我就又跟他说，我说大兄弟，我把我撬下来的废铁全部还给你，你看行不？结果他还是不答应，他让我站那儿别动，然后就开始打手机。

“我当时感觉有些不妙，然后不大一会儿，几个穿着保安制服的男的走过来了，其中年纪较大的那个，旁边的人叫他队长。然后那个队长带着其他几个人走到我面前，把我围了起来。看这阵势我也紧张了，就说各位大兄弟，我把我三轮车上的废铁都卸下来还给你们，你们让我走吧。这个时候那个队长发话了，说想走也行，但是偷他们工地上的东西，要给他们交一千块钱的罚款。我就说，我一个捡破烂儿的，身上哪有那么多钱啊。队长就说，没钱，那就给我打。说完这个，队长就一拳把我打翻在了地上。我都是个老头儿了，我不敢反抗，也不打算反抗，我就蜷缩在地上，拼命地喊。其他几个保安围着我踢打了一阵儿，听到了警车开过来的声音，于是保安们都停了手。

“后来，警察把我和那几名保安都带回了派出所进行问话。我原本以为，做完笔录后，自己应该就可以回家了，却万万没想到，他们告诉我，我竟然因为涉嫌故意伤害罪，被刑事拘留了！我根本就没有动过手，怎么会涉嫌故意伤害？是他们打我的，我才是受害者啊！再后来我才知道，那几个保安里面，最开始拦住我的那个小保安的手骨折了。但是我那天从没有还过手啊，更没有拿撬棍打过小保安。这是他们一起串通好了来陷害我！”

如果拾荒老人所说为假，小保安所说为真，那么拾荒老人就构成了故意伤害，自然要接受法律的惩罚。

但如果拾荒老人所说为真，小保安所说为假，那么拾荒老人就摇身一变，从被告人变成了被害人，小保安等人则要因为诬告陷害而接受法律惩罚。

被告人变成了被害人，这才是真正的剧情大反转！

在做了充分的前期准备后，我们对这名拾荒老人进行了测谎。

对拾荒老人的测谎结果显示，事情发生那天，他确实没有动手打过保安，

 并且他也确实遭到了保安们的围殴。

看来，这名拾荒老人真的是被冤枉的。

但有一个问题，依然让人费解。

既然这名拾荒老人并没有打小保安，那么小保安的手为什么会骨折呢?

测谎进行到这里，暂时告一段落。接下来需要解释的事情，就已经超出了测谎师的专业知识范围。

专业的问题，还是要请教专家。

法医在翻看了该名保安受伤情况的影像材料后，与我做了如下交流：

法医：测谎结论是什么？

我：这个伤可能不是拾荒老人造成的。

法医：我也赞成你们的这个测谎结论。他的这个骨折，并不符合直接外力作用的表现，更可能是“拳击手伤”。

我：具体是指什么？

法医：拳击手伤，就是个体在击打他人或物体时形成的伤。从现在的影像来看，我认为，伤者的这个伤，是由于击打他人而造成的概率更大。

……

事后证明，法医的判断是完全正确的，这也为我们准确地对测谎结果进行解释起到了极大的帮助作用。

这只是一个小小的例子。事实上，不仅法医能够在案件中给测谎师提供重要帮助，各个领域的专家都能够帮助测谎师在许多需要大量专业知识的领域，顺利地开展测谎。

测谎师要向外借力，只有这样，才能确保不会因为自己对某一专业领域相关知识的缺乏，而造成在编制测谎题目时出现疏漏，在主持测谎时出现困惑，在解释测谎结论时出现偏差。

基线反应：被误用的概念

包括测谎师在内的很多人，也许都听过这样一种说法：

“当陈述者的黑眼球向左转时，是在撒谎；当黑眼球向右转时，是在说实话。”

当然，这种说法其实并没有什么科学依据，很大程度上只能归类于某种传说。但为了确认这种说法在实践中是否真实，我还是在测谎实践中进行了检验。

为了验证这种说法是否在测谎实践中具有较高的可信度，我在与被测人的谈话过程中，有意地前后多次穿插对同一问题的多次询问，来观察被测人的黑眼球转动方向是否有一致性的反应。

在我对被测人的测谎结束后，我开始回看测谎过程中录制的影像，观察被测人在回答我问题时的视线变化。

这起案件，简单来说，案件承办人怀疑被测人在当天并未真的去医院看病，于是委托我们帮助进行核实。

其中一段谈话如下：

我：那天早晨，你是因为什么事，才跟工地请假的？

被测人：我那天早晨发烧，身上特别难受，就跟工地请的假，去医院看医生。

我：你去的哪家医院？

被测人：我去了 ×× 医院。

我：你是怎么去的医院？

被测人：坐公交车去的。

我：在哪里坐的？

被测人：工地斜对面那个桥底下。

我：坐的哪一趟公交车？

被测人：332 路吧。

我：中途换乘过吗？

被测人：没有，是直达的。

我：坐了多长时间？

被测人：二十分钟吧。

我：二十分钟。然后下了车，你就到了 ×× 医院了，是这样吗？

被测人：对。

我：你大约几点钟到的 ×× 医院？

被测人：大约……上午十点钟吧，我没注意。

我：有其他人跟你一起吗？

被测人：没有。

我：但是你自己能保证，那天上午你确实去了 ×× 医院看病，对吧？

被测人：对。

……

我：接下来，我们就准备开始今天正式的测谎，开始前我再跟你核实一次，你那天上午去了 ×× 医院看病，是吗？

被测人：对。

我：能确定吗？

被测人：能确定。

……

在对这名被测人的测前谈话的过程中，我有意地就“那天上午你有没有去 ×× 医院看病”对被测人进行了多次穿插询问，借此观察每次询问之后，被测人黑眼球的转动方向有无规律或一致性。

结果表明，被测人在这几次回答“我那天上午是去 ×× 医院看病了”时，黑眼球的转动方向各不相同，终究没有能够从中发现规律。

尽管“黑眼球向左转动是说谎，向右转动是实话”似乎并没有非常扎实的科学依据，但许多学者和测谎专家提出的“基线反应”，还是有一定道理的。

由于我们个体之间本身就存在一些差异，最为明显的就是左利手和右利手的差异，所以许多专家提出，如果要判断一个陈述者是否在说谎，首先就要确定陈述者本人的个体基线反应。

打个比方，如果陈述者在陈述真实内容的基线状态下，一直都表现出某种特征，但在陈述某一段内容时，却突然表现出了另一种不同的特征。那么这段陈述内容的可信度，在某种程度上就是值得怀疑的。

通过确定个体的基线反应，进而将其作为判断个体陈述是否真实的一把标尺，应当说是有一定道理的。

但遗憾的是，很多时候，我们会误用这种基线反应。

举个例子。

一桩抢劫案，作案人被抓获后，办案人员通过对在案证据的综合研判，怀疑与作案人住在一起的另一名同伴，很可能与作案人合伙实施了这起抢劫。

为了核实这名同伴是否也参与了这起抢劫，办案人员委托测谎师对这名同伴进行测谎。

在测前谈话阶段，测谎师与被测人的对话如下。

测谎师：你今年多大了？

被测人：23 岁。

测谎师：家里除了你，还有其他人吗？

被测人：除了我爸妈，还有个妹妹，上学呢。

测谎师：你还上学吗？

被测人：不上了，初中就出来干活儿了。

测谎师：出来几年了？

被测人：有六七年了吧。

测谎师：这几年都干过哪些活儿？

被测人：在面包店当过学徒，在快餐店当过服务员，还给人家发过传单。

测谎师：现在在哪儿干活儿呢？

被测人：没干活儿，年前把之前的活儿给辞了。

测谎师：平时空闲的时候，都喜欢做些什么？

被测人：我也没什么爱好，就是玩玩手机，去网吧打打游戏，跟朋友喝点酒。

测谎师：××× 抢劫被抓的事，你现在知道了吧？

被测人：嗯，知道了。

测谎师：那么这件事情，你参与了吗？

被测人：没有。

测谎师：那么你知道，那件事除了他，还有谁参与了吗？

被测人：我不知道……

……

通过上述对话我们可以看出，在正式测谎前的谈话阶段，测谎师与被测人就家庭、个人经历、兴趣爱好等话题进行了讨论，明确了被测人的个人基线反应。之后，测谎师就具体案情对被测人进行发问，将被测人的身体动作与之前得到的基线反应进行比较，以帮助判断被测人陈述内容是否真实。

但仔细想来，这中间似乎存在着一个重要的问题。

假设，当被测人在回答这些关于家庭、个人经历、兴趣爱好等问题时，双手十指始终分开放置于膝盖上。而当被测人回答与案情相关的问题（如是否知情、是否参与）时，双手十指突然攥成拳头，变成了双臂交叉于胸前的姿势。

那么，能否据此认定，由于被测人在回答这些问题时，身体表现出的动作反应与之前的基线反应不同，所以被测人在回答这些问题时说了谎？

应当说，这种认定是存在一定问题的。

原因在于，通过询问被测人家庭情况、个人经历、兴趣爱好等问题而确认的被测人基线反应，是不准确的。

因为，这些问题与后面询问的案件相关问题相比，问题强度差距过大，所以不适合将二者进行直接的比较。

打个比方，先询问一个无辜的人：

“你午饭吃了吗？”

“你昨天睡得好不好？”

“你今天工作忙不忙？”

……

然后，你突然问他：

“昨晚 KTV 发生的那桩杀人案，是不是你做的？”

“昨晚 KTV 发生的那桩杀人案，你参与了吗？”

……

可以预见，即使这个无辜的人对整个案情一无所知，在回答最后几个问题时，依然会表现出许多异常的身体动作反应。

所以，确定被测人的基线反应，思路是正确的。但一定要确保这些基线反应的选取，应当是合适的。

这么说有些抽象，还是举个例子。

某度假景区的停车场发生了失窃案。作案人的作案手法是，作案人一直在停车场附近徘徊，等车主停好汽车，走进景区后，作案人迅速走到汽车旁，通过万能钥匙打开车门，偷走车主放在车内的财物，然后重新关好车门。等车主游玩完毕，回到停车场打开车门时，发现车内财物已经被盗，于是报警。

这样的案件一共发生了三起，作案手法相似。

第一起案件（3 月 12 日），已经确认为其他犯罪嫌疑人所为。

第二起案件（3 月 16 日），因为有监控录像，因此办案人员后来依据监控录像，抓获了本案的犯罪嫌疑人。

第三起案件（3 月 17 日），没有任何的监控录像，案件承办人怀疑也是该名嫌疑人所为。

本案的嫌疑人到案后，面对已有的证据，对 3 月 16 日的案件供认不讳。但对 3 月 17 日的案件，嫌疑人却始终坚称并非自己所为。

案件承办人于是委托测谎师对嫌疑人进行测谎，帮助判断：3 月 17 日的失窃案，是不是嫌疑人所为。

以下为测谎师与被测人在正式测谎前的部分对话。

测谎师：3 月 16 日那天的事，还记得吗？

被测人：记得。

测谎师：那天的事，是你干的吗？

被测人：是我干的。

测谎师：怎么想到用这种手法的？

被测人：在网上学的。

测谎师：作案工具怎么来的？

被测人：也是从网上买的，有一些交流群里会打广告。

测谎师：这种钥匙是对所有品牌的车辆都能用吗？

被测人：不是，所以很多时候没能成功。

测谎师：具体说说 16 日那天的事吧。

被测人：那天中午十一点钟左右吧，我在停车场附近转悠，看到一辆黑色的 ×× 汽车开进来了。等车门开了，下来一男一女。女的刚开始把包背在身上，后来又把包放回了车里。然后他俩就走了，我看他俩进了景区，就走到这辆车旁边，拿出钥匙捣鼓了一小会儿，车门就开了。我就把那个女人的包拿走了，还把储物箱里的一些现金也一块儿拿走了。

测谎师：刚才说的是3月16日的事。3月12日也发生了一起类似的案子，你知道吗？

被测人：我不知道。

测谎师：那么3月12日的事情，跟你有关系吗？

被测人：没关系，不是我干的。

……

测谎师：3月17日，就是你从那辆车里偷东西的第二天，景区里又有一辆车被偷了，你知道吗？

被测人：不知道。

……

测谎师：3月17日的事，和你有关系吗？

被测人：没有。

……

测谎师：也就是说，你对3月17日的事，一无所知，对吗？

被测人：是的。

……

在这段测前对话中，一方面，由于有监控录像为证，所以可以确定被测人所作的3月16日的有罪供述和3月12日的无罪辩解都是真实的。

另一方面，3月16日、3月12日的事情与3月17日的事情，对被测人而言，在心理压力和强度上具有相当程度的可比性。

鉴于此，测谎师可以把被测人在3月16日的作案经过中表现出的动作反应，以及在3月12日的无罪辩解中表现出的动作反应作为基础，明确被测人的基线反应，并以此为参照系，与被测人回答3月17日案件的相关问题时表现出的动作反应进行分析对比，从而更好地判断被测人对3月17日相关问题的回答是否为诚实。

所以，只有选择好合适的“基线反应”，才能为正确判断个体是否说谎提供一把可靠的“标尺”。

无意视盲：看不见的大猩猩

许多人认为，我们的眼睛就像照相机一样，视野中出现什么，立刻就能迅速地拍摄下来。

但事实却是，出现在我们视野中的太多东西，我们根本没有看到。哪怕是一些极其异常的东西，也不例外。

在认知心理学中，这被称为无意视盲。

我们眼球后部视网膜上的一个区域，没有感光细胞，所以不能接受光的刺激。这是我们人类生理上的盲点。

但无意视盲却不是这样。

无意视盲是指，我们的大脑只能处理来自视觉的一小部分信息。当我们的注意力集中到视野中的某个区域或物体上时，会忽略那些不需要看到的东西。

尽管那些不需要看到的东西也许是极其异常的。

说到这里，就不得不提到认知心理学中，那个家喻户晓的实验，那就是“看不见的大猩猩”。

在这个实验中，研究者制作了一个短片。这个短片的内容是一场篮球比赛，比赛双方分别穿着黑色和白色的球衣，双方的运动员都在飞快地移动和传接球，整场比赛非常激烈。整个短片的时长只有不到一分钟。

被试是从哈佛大学招募的，研究者让这些天之骄子来完成一个非常简单的任务：在观看影片时，算一下身穿白色球衣的队员一共传了多少次球。

这个任务确实很简单，但研究者其实另有打算。

原来，在短片中，除了双方球员，研究者还安排了一只由人伪装而成的大猩猩。这只大猩猩大摇大摆地走过人群，停了下来，对着镜头用力地敲打着自己的胸膛，然后又走开，持续时间将近九秒钟。

也就是说，篮球场里冒出了一只大猩猩。

观看完短片后，这些天之骄子按照研究者的要求，报告了自己所看到的身穿白色球衣队员传球的次数。但无论他们报告究竟有多少次传球，都不是研究者关心的重点。

此时，研究者却毫无预兆地问他们：

“在刚才的短片中，除了双方球员，你们还看到什么特别的东西了吗？”

学生们一脸茫然：

“什么特别的东西？广告栏吗？还是什么？”

研究者问道：

“你们看到有一只大摇大摆的大猩猩吗？”

学生们摇了摇头：

“没有啊。”

研究者追问道：

“确定没有看到一只大猩猩吗？”

学生们答道：

“嗯，我确定。如果真有一只大猩猩，我怎么可能会看不到。”

这项实验的结果显示，一半的志愿者根本没有看到这只大猩猩。

于是研究者让他们重新观看了录像。

这次，他们很容易地就看到了那只大猩猩，他们惊讶地叫道：“天啊，真是难以置信，这里有一只大猩猩，我刚才居然没有看到！”

而这只“看不见的大猩猩”，测谎师也会经常遇见。

一名妇女在回家路上遭遇一名歹徒的抢劫。歹徒持刀威胁被害人把钱包、手机和身上的首饰交给他，之后迅速离开。女子惊魂未定，随即报警。

办案人员在到达该女子指认的遭遇歹徒抢劫的地点时，发现距离抢劫地点几十米的位置，有一名中年男子在打太极拳。

于是办案人员询问了该男子刚才是否一直在这里打拳。该男子称，已经在这里待了将近两个小时，且未挪动过位置。

办案人员马上询问该男子，是否目睹了刚才发生的抢劫。

中年男子一脸茫然：

“什么抢劫？我没看见啊！”

几十米的距离发生了一起抢劫案件，这名证人却说完全没有看见。

案件承办人觉得有些古怪，甚至想要通过测谎，来帮助判断证人是否故意有所隐瞒。

第一，站在证人的位置上，通俗来讲，抢劫发生的地点就在他眼皮子底下，中间没有视线阻隔；

第二，证人视力正常，也不是近视眼；

第三，周围的照明条件也足够他看清楚当时发生的一切；

第四，按照被害人的描述，整个抢劫过程也应当持续了一些时间，并不是一瞬间就结束的。

所以，当时究竟发生了什么，证人完全应该看得到。

事实上，尽管抢劫能够被看到，但他可能根本没有去看。

但是，那名女子被抢劫了，跟歹徒还纠缠了一番，这么反常的景象，那男的也没注意到？如果换成是我们自己，能注意不到吗？

也可能会注意不到。即使是反常的景象，其实也不一定会被注意到。

那么，即使是他非常熟悉的场景和环境，依然会注意不到吗？

依然有可能。

我问案件承办人，她刚才走进实验室时，屋子里有几个人。

她答道，两个人。

而事实上，当案件承办人走进实验室时，屋子里只有我一个人。另一名同事，是中途才端着茶杯走进房间的。

其实这也很正常，两个正在聚精会神讨论的人，自然不会注意到这屋子里突然多了一个人。

这么看来，我的这名同事，就是那只“看不见的大猩猩”。

立场：中立的测谎师

在与被测人开始谈话之前，测谎师总是会习惯性地对被测人讲这样一段话：

“作为测谎师，无论这件事中的其他当事人怎么说，无论负责这件事情的办案人员怎么跟我说，我都会秉持着中立的态度来听你对我说，我也一定会本着实事求是的态度把这件事的真相弄清楚。”

说这句话的目的，是测谎师向被测人告知自己的立场和态度，并为与被测人建立良好的沟通关系而进行前期的铺垫。

但测谎师这句话，绝不仅仅是形式上的一种告知，更不是一种空洞的承诺，测谎师应当真正做到在内心秉持中立的态度。

唯有如此，测谎才能得出客观的结论。

不过，对于测谎师来说，要想保持中立的态度，有时真的需要克服一些困难。

毕竟，在测谎的整个过程中，测谎师与被测人之间，实际上是建立了一种临时性的相互尊重、相互信任、相对融洽的关系。既然是建立了一种临时性的人际关系，那么在测谎的过程中，测谎师不可避免地会对被测人产生或多或少的正面或负面的评价。

简单来说，不论是新手测谎师，还是经验丰富的测谎师，每一位测谎师在对被测人进行完测谎后，内心都会对被测人本人有一个评价。

这个评价或许是正面的，也或许是负面的。

但无论这个评价如何，测谎师都不应该让其影响到最终的测谎结果。

举个例子。

一名妇女因为忍受不了丈夫整日的家庭暴力，选择与丈夫离婚。但离婚后，前夫依然频繁地到该妇女家中进行骚扰。

案发当天，前夫闯入该妇女家中。当时该妇女及其姐姐在家，前夫遂与二人发生了激烈的肢体冲突。

冲突过程中，前夫被一把水果刀刺伤。

案发后，该名妇女的姐姐主动承认，当时自己是在情急之下，抄起客厅的水果刀扎伤了被害人。

这起看起来非常简单的案件，却被案件承办人委托到了测谎实验室。

原来，在案件承办人办理此案的过程中，被刺伤的男子始终坚称，案发当天自己是被这名妇女扎伤的，并不是被妇女的姐姐扎伤的。

那么，究竟是男子为了报复而诬陷该妇女持刀扎伤了自己，还是妇女的姐姐为了保护自己的妹妹，选择替妹妹顶罪？

为了弄清事实究竟是什么样的，测谎师首先对这名妇女进行了测谎。

以下为测谎师在正式开始测谎前，与被测人的对话。

被测人：为了我的事情，给您添麻烦了，谢谢您。

测谎师：这是我的本职工作，只要把事情弄清楚了，其他都没关系。

被测人：好的，我一定好好配合您的工作。

测谎师：你现在的婚姻状态，是离异吗？

被测人：是的。

测谎师：你们离婚多长时间了？

被测人：有将近两年了吧。

测谎师：那现在平时跟谁一起生活？

被测人：跟我姐姐，我们两个人。

测谎师：嗯。你跟你前夫为什么离婚？

被测人：因为家暴。他这人的脾气一直就不好，前两年厂子破产了，别人都去其他地方找工作，他就一直在家里窝着，也不出门。慢慢地，他脾气就变得越来越差，然后开始打人。

测谎师：嗯。

被测人：开始他就是扇我耳光，有时候还拿拳头打我，拿脚踹我。再到后来，他开始拿家里的棍子什么的打我，打得我身上青一块紫一块。有一次严重的时候，他拿板凳打我的腿，打得我第二天都没办法一个人上厕所……除了打我，他对孩子也不好。平时我给孩子上点营养的，做点好吃的，他一下子就抢过去吃光了。孩子看见了就开始哭，我就跑过去抱住她不让她哭，怕她爸爸再把她也打了。

被测人说到此处，开始低下头呜呜哭泣。

作为测谎师，此时对被测人产生同情，是再正常不过的事情。

毕竟，测谎师是一个有血有肉的人，而不是一台没有情感的机器。

但在对被测人抱以同情的同时，测谎师内心也需要始终保持一根绷紧的弦，那就是，对被测人可以存在各种主观评价，但对于核实案件事实，必须保持客观中立的立场。

具体到本案，被测人的经历和处境的确让人非常同情。甚至，如果测谎师是一名女性，可能会为被测人这样的遭遇感到愤慨。

但测谎师并不能因为对被测人产生了同情和怜悯的情绪，就相信被测人所陈述的案发当天的具体情形为实话，前夫所说的话为假话。否则，测谎就成了任凭测谎师主观意志随意做出判断的伪科学。

也正因如此，测谎师内心怀揣着对被测人的深切同情，依然应当按部就班地与被测人认真核实案发当天的具体情形。然后，依照之前制定的整个测谎思路，针对案发当天的关键性问题一步步地对被测人进行系统的正式测谎，最终依靠科学的测谎结论来明确：案发当天，究竟是不是这名妇女扎伤了她的前夫？

如果最终的测谎结果显示，案发当天，确实是这名妇女持刀扎伤了她的前夫。那么，测谎师只能告知被测人：

“对于您的遭遇，我作为旁观者表示十二分的同情和愤慨。但同时，我也必须告诉你，很遗憾，关于那天的事情，你刚刚对我说谎了。”

再来看下面这一段对话：

测谎师：那个女的是你找来的吗？

被测人：是。

测谎师：你们之前打过交道吗？

被测人：我也是第一次见她。

测谎师：你是怎么联系到她的？

被测人：跟这件事有啥关系啊？

测谎师：我问你，你如实回答就好。

被测人：妈咪呗，我加过她微信。

测谎师：那天她是死在你车上了吗？

被测人：我真是倒了八辈子霉了，晦气！

测谎师：现在毕竟是一条人命没了，我希望你能跟我一块儿把这件事情弄明白。

被测人：是死在我车上了。

测谎师：她是怎么死的？

被测人：你们都没弄明白，我怎么会知道？

测谎师：也就是说，到目前为止你仍然不知道，对吗？

被测人：是。

测谎师：她是什么时候出的事？

被测人：我没印象。

测谎师：在你车上发生的事情，已经没有印象了吗？

被测人：没有。

测谎师：也就是说，到目前为止你不知道她怎么出的事，对吗？

被测人：是，我那天晚上喝酒了。

测谎师：那么，你做过对不起你妻子的事情吗？（为开发“准绳问题”做准备）

被测人：做过啊，哪个男的没做过啊？

……

应当说，这个案子中的被测人，的确让人有些厌恶，测谎师通过与其进行谈话，内心难免会对他的人品产生一个负面的评价。

但案件的事实仍然需要通过正式的测谎进行核实。

辨认：记住他的样子

1984 年的某一天，被害人还是美国某大学的一名女大学生。案发当晚，她在床上休息，一名男子破门而入。被害人从梦中惊醒，哀求这名男子不要伤害她，自己可以把所有的钱和财物都给他。

但最终，这名男子依然强奸了被害人。

被害人根本无力进行反抗，所以她暗暗下定决心，一定要记住这个男子的长相，她努力让自己记住这名男子脸上的每一个细节。

她想，只要她能活下来，就一定可以凭借这些记忆，帮助警察将这名男子绳之以法。

最终，这名被害人很幸运地逃脱了魔爪，并在第一时间报了警。

案发后第三天，被害人对照片进行了辨认。

被害人拿起了其中一张照片，无比肯定地对警察说道："他就是强奸我的那个人。"

依据被害人辨认照片的结果，警察很快抓获了嫌疑人。

尽管在法庭上，嫌疑人坚称自己是无辜的，但最终陪审团依然判定其有罪。

在这起案件中，被害人在遭受侵害的过程中，努力地识记作案人的相貌特征，留意作案人面部的任何细节特征。

在辨认的过程中，被害人进行了几分钟的仔细辨认，最终确认，本案的嫌疑人绝对就是当时强奸她的那名男子。

甚至，当辩护律师要求被害人重新进行辨认时，被害人还表示：

"他怎么敢质疑我？这个人我永远不会忘记。"

但就是这样一次看似完美的识记和辨认，却依然出现了记忆错误。

十年后，得益于DNA技术的迅速发展和成熟，通过对十年前的一份证据中的精子碎片进行DNA检测，这名嫌疑人最终被认定为无辜。

换句话说，在这起案件中，出现了辨认错误。

我在这里再举一个例子。

假设，某天你正在大街上闲逛。突然，你听到对面有人在喊："救命啊！有人抢劫了！"你还没反应过来，有一名男子从你的对面急匆匆地跑过来，与你撞了个满怀。

在这个过程中，你看清了他的相貌。

那名男子站起身来就跑掉了，紧接着后面有人就追了上来。你这才知道，刚才那个撞倒你的人，就是抢劫犯。

在你得知那名男子就是作案人后，你一方面庆幸自己看清了他的长相，另一方面你也担心随着时间的推移，你会忘掉他到底长什么样子。

于是，回到家后，你拿出随身携带的笔记本，认认真真、无比细致地在笔记本上用文字详细地描述了那名男子的长相：他的眼睛、他的鼻子、他的嘴巴、他的头发、他的脸型。

在完成这项工作后，你终于松了一口气。

这是第一种情况，接下来是第二种情况。

你依然是在街上闲逛，依然是与那名抢劫犯撞了个满怀，依然看清了他的长相。但与第一种情况唯一不同的是，回到家后，你根本没有再去想这件事，没有拿出本子用文字记录下那名男子的长相。相反，你打开电视，开始看肥皂剧。

因为你觉得，那名抢劫犯抓不抓得到，跟你根本就没什么关系。

这是第二种情况。

当天晚上，警察突然请你去对那名抢劫犯进行辨认，以确定究竟哪个人才是抢劫犯。

那么，在哪一种情况下，你能正确辨认出这名抢劫犯的可能性更高？

答案是，在第二种情况下，你更有可能正确地辨认出那名抢劫犯。

当然，在我举的这个例子中，目标刺激的呈现时间、言语描述的时间和再认时间之间的间隔较长，这可能会削弱两种情况下最终辨认准确率的差异。但我主要想说明的，是一种在司法实践中存在的心理学效应：语词遮蔽效应。

所谓语词遮蔽效应是指，语词化的描述，反而会对非语言认知产生阻碍效应。

我们通常可能会认为，对一些刺激和事件，如果用言语进行描述，应该是有助于记忆的。但事实上，如果需要我们进行记忆的这些事件，本身就难以用语言来描述和把握，而我们此时依然用言语进行描述，反倒会损害记忆。

下面我们来看一下，在心理学实验室中，是如何来研究这一效应的。

在一项心理学实验中，主试要求被试观看一段长30秒的录像，这段录像描述的是一段抢劫银行的内容。

在被试观看录像完毕后，要求被试读几篇短文，并回答与之相关的问题，这个过程持续20分钟。随后，被试被分成两组，分别接受不同的处理。

第一组被试，被要求写下对抢劫者相貌的详细描述。

第二组被试，则被安排做一些其他无关的活动。

实验最后，要求两组被试对录像当中的那名银行抢劫犯进行指认。实验结果如下：第一组被试正确指认率为38%，第二组被试正确指认率为64%。换句话说，第一组被试写下对抢劫者相貌的详细描述，反而损害了他们的记忆。

这项心理学的研究成果对于司法实践有重要的借鉴意义，但很多时候却在办案实践中被忽略了。

其实司法心理学在“辨认”这一领域的研究成果还有很多，这也只是其中的一个例子而已。下面我再举另一个例子。

关于辨认，在司法实践中，办案人员在一件事情上达成了一致，那就是，辨认，只能进行一次，不能重复辨认。比如，办案人员让辨认人对案发当时殴打自己的作案人进行辨认，如果辨认人能够从中正确辨认出作案人，则辨认结果为，辨认人经过仔细审视、辨认后指出，×号就是对自己进行殴打的嫌疑人。

但如果辨认人没有正确辨认出作案人，则辨认结果为，辨认人经过仔细审视、辨认后，未能指出对自己进行殴打的嫌疑人。

即使辨认人没有能够正确辨认出作案人，办案人员也不能再次组织辨认人对作案人进行二次辨认。

这一做法是正确的。但为什么不能重复辨认？

简言之，因为仅仅是通过重复的辨认，就可以改变辨认人的记忆，使那些根本没见过的人，看起来很熟悉。

这种效应被称为“重复观察效应”。更为重要的一点是，重复观察产生的错误，一般都是无意识的错误。

换句话说，在重复辨认的过程中，辨认人很可能并没有意识到自己所犯的错误。

认知心理学的一项实证研究表明，如果辨认人在办案人员提供的疑犯照片中和后来的队列辨认中，都见过同一个陪衬者（即陪衬者重复出现），那么正确辨认出真正犯罪人的可能性，会变得很低。

另一项心理学的实证研究则发现，在第一次辨认程序中，如果辨认人选择了某人，但事实上真正的作案人根本就没有在辨认范围之中，那么在随后的队列辨认中，只有 33% 的辨认人能够正确地辨认出真正的作案人。

在这一部分的最后，我想补充强调一点：在辨认过程中出现错误，并不稀奇，也不罕见。而在司法实践中，除了会出现辨认人将无辜者错认为是真正的犯罪嫌疑人，还存在另外一种常见的辨认错误，那就是，明明真正的作案人就在眼前，但辨认人却无法辨认出来。

当辨认人表示自己无法认出作案人时，司法人员也许会感到有些吃惊，但这种情况确实是存在的。

我曾遇到过这样一名被害人，他是一名从外地进城打工的普通务工人员，平时老实巴交，性格木讷，于是也就慢慢成了其他几个务工人员调侃和欺负的对象。

在城里干了大半年后，这名被害人不想再继续干下去了，打算收拾东西回家。正巧，被害人有一次遇到了一名小领导，于是就向这名小领导表达了自己的想法，并希望能够领取到自己的工资，然后回家。

令人没有想到的是，这名小领导不但没有给他工资，反而指使手下对被害人一通暴打，并威胁被害人："你要敢偷偷溜走，我就弄死你！"

幸运的是，后来被害人在一次上工时抓住机会逃了出来，跑到派出所报了案。

既然是报了案，那么不可避免地，需要被害人对案件中的嫌疑人进行辨认。

在这名被害人向办案人员陈述了自己的不幸遭遇后，办案人员拿出一组照片，然后让这名被害人辨认：究竟哪张照片中的人，是指使手下殴打他的那个小领导。

出乎办案人员的意料，这名被害人面对着照片来回端详了半天，却始终没有能够认出那个指使手下殴打他的小领导。

后来的调查结果证实了被害人的说法，即自己在索要工资时遭到了小领导的暴力殴打。

按常理来说，被害人遭受非法侵害的时间是相对比较长的，在遭受侵害的过程中，被害人应当完全可以看清楚那名殴打他的小领导的长相。

但结果却是，他始终无法从照片中辨认出那名小领导。

迟到：背后的意义

在条件允许的情况下，测谎师会尽可能地选择在上午进行测谎。

这其中的道理很简单，因为个体在上午时的精神状态比较好，相应的各项生理指标的反应也比较灵敏。测谎师为了保证测谎结论的准确性，自然也就首选这一时段进行测谎。

上午的测谎，我通知被测人九点半到实验室接受测谎。但直到十点钟出头，被测人才出现在实验室的门口。

在测谎这项工作中，被测人迟到和早到是一个特别有意思的现象。我见过早晨七点多钟就已经在门口等我的被测人，也见过自己压根儿说不出什么原因，却迟到将近一小时的被测人。

当然，前一种被测人早到的做法并不提倡，但我更感兴趣的，是后一种迟到的被测人。

接触过心理学的人，都应当对精神分析学派有所了解。按照精神分析学派的观点，许多反常的行为，其实都是潜意识在作怪。精神分析学派大师弗洛伊德在他的《日常生活心理病理学》一书中，曾经深度剖析过，潜意识过程是如何影响人们的日常行为的。

弗洛伊德说：

“许多日常行为出现的原因，在更深的心理层面上其实都是受到了潜意识的制约。”

比如，某位主持人开场时口误，把“会议现在开始”说成了“会议现在结束”，其实是揭示出他潜意识中并不愿意参加这次会议。

再比如，写信时出现了笔误，把一个地点的名字写错，暗示出他对这个地点可能存在着被压抑的痛苦情绪体验。

又比如，本来是一件领导反复叮嘱过的事情，最终却还是被你遗忘了，暗示着你的潜意识正在抗拒着这件事情。

这很容易让我们想到，那些被我们一拖再拖，最终不了了之的事情。

这暗示着你根本就不想去做那些事情。

回过头来，再看今天的这位被测人，他似乎自己也说不出，是什么理由导致他迟到了将近一个小时，但这似乎也可以揭示出，他的潜意识中对于当天的测谎是抗拒的。或者，是因为测谎给他带来了强烈的焦虑；又或者，是恐惧或是其他。

但请注意，我并未说过，由于被测人迟到，就据此判断他倾向于说谎；由于被测人早到，就能够认定他说的是实话。

我所说的是，被测人无原因的迟到，在某种程度上，其实可以反映出他对当天的测谎，内心是存在焦虑和抵触的。

而这种焦虑抵触与是否撒谎之间，并没有必然的对应。

至于被测人是否说谎，还是要通过接下来系统的正式测谎，才能最终得出准确的答案。

第三章

周密逻辑：测谎之思路

警惕：假装未被污染的被测人

任何鉴定都会存在“检材污染”的问题，测谎也不例外。

测谎中的“检材污染”，很多时候指的就是被测人的心理信息遭到污染。

所谓被测人的心理信息遭到污染，存在很多种具体的情形，而其中一种很重要的情形，就是被测人在接受测谎之前，通过其他渠道，已经得知了案件中的一些关键隐蔽性的情节和信息。

换句话说，原本案件中的一些隐蔽性情节，应当只有真正的作案人才会知晓，但无辜者却可能会通过其他渠道，同样知晓了案件中的隐蔽性情节。

如果被测人的心理信息已经遭到污染，那么，许多测谎问题就将不再适用。

这是因为，如果继续使用这些问题进行测谎，就有可能出现错误。

错误是怎么产生的?

举个例子。

一起故意杀人案，现场勘查工作发现，被害人是被一把镰刀割破左颈部，进而导致急性失血性休克死亡。经过办案人员的走访调查，初步确认被害人的邻居有重大作案嫌疑。

由于现场保护较好，且案件细节并未外泄，因此办案人员坚信，只有真正的作案人才会知道，本案的作案凶器究竟是什么。

但办案人员并不知道的是，尽管这名嫌疑人并不知道作案凶器是什么，但他却在与辩护律师会见时，从律师口中得知了这一案件中的隐蔽性信息。

试想，如果在此时，测谎师依然用犯罪知情测试法对被测人进行测谎，测谎的发问问题如下：

“你知道这起案件的作案工具是什么吗？”

“是斧子吗？”

“是锤子吗？”

“是镰刀吗？”（目标问题）

“是棍子吗？”

“是砖头吗？”

……

可以预见，被测人极有可能在回答“是镰刀吗”时，出现异常的生理指标反应。毕竟，他在接受测谎前，已经知道了这一隐蔽性信息。因此，在对这一问题进行回答时出现强烈的朝向反应，也就不足为奇。

而如果测谎师依据这一测试结果，就简单地得出“因为被测人知道真正的作案工具是镰刀，所以被测人有可能就是真正的作案人”的结论，无疑就是冤枉了无辜。

因为被测人的心理信息已经被“污染”了。

也许有人会问：

“只要被测人在与测谎师的交谈过程中，承认自己曾经通过其他途径，已经得知了案件中的隐蔽性信息，不就没问题了吗？”

具体到这起案件中，只要被测人告知测谎师“我的辩护律师已经告诉我，凶手的作案工具是一把镰刀”，不就可以避免陷入被冤枉的境地吗？

这听起来似乎很容易办到，但只有真正办理过一线测谎案件的测谎师，才会清楚，这并不是一件容易的事。

这是因为，在司法领域的测谎实践中，这些心理信息已经受到污染的被测人，很多时候，却喜欢将自己伪装成“没有受到污染的被测人”。

这，也就是在这一部分我们要着重强调的问题。

原因非常简单。在真正的司法测谎实践中，无辜者总是希望能够向测谎师证明，自己确实与这起案件一点关系也没有。而能够证明自己与案件毫无关系的一个最简单的方法，就是告诉测谎师：

“到目前为止，我对案件的所有信息，真的是一无所知。”

在我参与办理的测谎案件中，曾经遇到过许多这样的无辜者：他们通过多种渠道学习到，当办案人员对其进行问话时，如果自己急于去辩解和解释，在一些情况下会被办案人员认定为早有准备，结果反而进一步增加了自身的嫌疑。

也正因如此，当无辜者不幸被怀疑为嫌疑人时，他们中的许多人在接受办案人员的问话时，会选择一概回答“我记不清楚了”或“我完全不知道”。

而此时，如果测谎师不能通过与被测人的谈话，及时地发现被测人的心理信息已经遭受了“污染”，那么将极有可能出现错误。

某大厦失窃，作案人于深夜破门而入，盗走了某店铺内的几十个镯子，将赃物装入一个大包袱后离开。

办案人员随即借助监控录像顺藤摸瓜，最终找到了嫌疑人。但由于监控录像太过模糊，办案人员也不能完全确定嫌疑人就是监控里拍到的作案人。再加上嫌疑人到案后，又抛出了案发当晚的不在场证明，这也让办案人员的内心确信有些动摇。

经验丰富的办案人员通过对监控录像的反复观看，认为作案人极有可能将赃物带回了家中。

如果是这样，那么作案人的家人或许会知情。

于是办案人员转变思路，委托测谎师对嫌疑人的母亲进行测谎。

这起案件的测谎逻辑相对比较清晰。在整个的测谎题目中，测谎师依据

 案件中存在的隐蔽性信息，设置了这样一套题目：

你知道丢的东西是什么吗？

丢的是戒指吗？

丢的是现金吗？

丢的是镯子吗？（目标问题）

丢的是手表吗？

丢的是项链吗？

……

这套题目的测谎逻辑是，如果这名嫌疑人真的是作案人，当他把赃物“镯子”带回家后，嫌疑人的母亲很可能也会知情。所以，当测谎师发问“丢的是镯子吗”时，如果嫌疑人的母亲确实知情，那么她在回答“不知道”时，就会出现生理指标的异常反应。

而如果真正的作案人另有其人，那么预计嫌疑人的母亲将不会在“镯子”上出现生理指标的异常反应，因为她并不知情。

但如果要使用这套题目进行测谎，需要满足一个大前提：嫌疑人母亲的心理信息没有被污染。

简单来说，具体到本案，就是确保嫌疑人的母亲并没有从其他渠道得知，被盗的东西其实是“镯子”。

以下是测谎师与被测人在正式开始测谎前的谈话。

测谎师：也就是说，你对这起案件的所有信息，都一无所知，对吗？

被测人：是的，我到现在也不知道究竟发生了什么，只知道一个大楼丢东西了，然后我的儿子就被抓了。

测谎师：嗯，你现在已经知道是一个大楼丢东西了，对吗？

被测人：是的。

测谎师：那么，到现在为止，也就是我问你的此时此刻，你是否知道，大楼里到底丢了什么东西？

被测人：这个我不知道。

测谎师：好。接下来，我会通过测谎仪向你核实这样几个问题。

被测人：好。

测谎师：首先第一个问题，你知道丢的东西是什么吗？然后我会分别提到五样物品，你只需要如实回答“是”“不是”或者“不知道”即可。如果你真的一无所知，那在我问到每一样物品时，你的生理指标的反应不会出现显著性差异。但是，如果你知道丢的东西是什么，而有意地进行了隐瞒，那么在我问到那样丢失的物品时，你的生理指标一定会出现异常的反应。你能明白吗？

被测人：……

测谎师：那么在正式开始测谎前，我需要再跟你核实一下，到现在为止，你知道丢的东西是什么吗？

被测人：我不知道。

测谎师：我想，在正式测谎开始之前，我还是有必要再对你解释一下。即使你知道大厦里丢的东西是什么，也并不代表你的儿子就一定与这件事情存在关系。毕竟，这件事情已经发生了一段时间，不管是找你问话的办案人员也好，你委托的律师也好，甚至你的街坊邻居也好，都有可能跟你提及过，丢的东西到底是什么。如果，你实际已经从别人那里得知了丢失的东西到底是什么，那么请你一定如实告知我，避免我今天对你的测谎出现错误，你明白吗？

被测人：嗯……其实我大体能猜得到丢的东西是什么。

测谎师：具体说一下吧。

被测人：丢的东西应该是镯子一类的东西。

测谎师：你是通过什么途径知道的？

被测人：因为一位警官在我家发现一只镯子后，问过我还有没有见过其他的镯子。我当时就在想，丢的东西应该就是镯子。

测谎师：好的，我明白了，鉴于这个情节你已经知道，为了确保测谎结论的准确性，这个问题我就不再对你进行测谎了，我们进行下一个问题的测谎。

被测人：好的。

……

在这段谈话中，嫌疑人的母亲实际上就是一名“伪装成未被污染”的被测人。出于种种考虑和顾虑，她在第一次回答自己是否知道丢失的是什么东西时，选择了隐瞒，而在测谎师经过耐心的解释后，才承认自己对此情节知情。

试想，如果测谎师在被测人第一次做出“不知道”回答后，没有敏锐地察觉到，被测人的心理信息可能已经被污染，也没有进行充分的解释和说明，而是直接使用该测谎题目对被测人进行了测谎，那么将极有可能得出错误的结论，进而误导下一步的办案方向。

细节：魔鬼藏在里面

对于测谎师来说，在开始正式的测谎之前，总是会反复检查整个测谎的思路和编制的题目是否存在纰漏。

这是因为，测谎工作中的“魔鬼”，始终都是隐藏在细节之中的。

下面，我要举两个“魔鬼藏在细节中”的例子。而这两个例子，也是在许多测谎的教科书中，经常会出现的两个例子。

例一：清晨，某村发生一桩凶杀案。凶手从窗户钻进屋子后，被屋里的老太太发现。凶手于是杀害了老太太，之后迅速离开了案发现场。

通过现场勘查，办案人员发现，凶手在慌乱中将作案工具留在了现场，作案工具是一把斧头。案发当时，凶手应该是在被老太太发现后，情急之下拿起了屋内的斧头，用这把斧头杀死了老太太。

经过排查，办案人员最终确认了一人有重大作案嫌疑，但这名嫌疑人到案后，拒不承认入室杀人的犯罪行为。

于是办案人员委托测谎师对这名嫌疑人进行测谎，以帮助判断其是否为本案真正的凶手。

测谎师在查阅卷宗和走访现场的基础上，编制了数套测谎题目，随即对该名嫌疑人进行测谎。

在对其中一套测谎题目进行正式测谎时，嫌疑人的生理指标反应出现了显著异常。这套测谎题目的具体内容是这样的：

你知道作案人用什么杀人的吗？

作案人用的是棍子吗？

作案人用的是匕首吗？

作案人用的是斧头吗？（目标问题）

作案人用的是菜刀吗？

作案人用的是锤子吗？

作案人用的是石头吗？

……

之所以编制这套题目，是因为真正的凶手，应该会知道老太太是被一把斧头砍死的。但对于无辜者来说，这个问题的答案他并不知晓，也就不会在真正的作案工具上出现异常的生理指标的变化。

而被测人恰恰在回答“作案人用的是斧头吗”时，出现了显著的异常生理指标变化。

从这道题目的测谎结果来看，被测人非常清楚，作案人是用一把斧头杀死了被害人。

这套题目从编制到测试，一直到最后得出结论，似乎并没有出现什么明显的错误。

但事实上，这名被测人并非真正的作案人。

那么，错误究竟出在哪里呢?

这道题目的测试误差，其实是来源于一个看似与本案的测谎并没有什么直接关系的细节。

那就是这名嫌疑人的职业。

事实上，本案的这名嫌疑人在平日的工作过程中，几乎每天都要跟斧头这样的工具打交道。

也正因如此，当测谎师问到“棍子、菜刀、石头、锤子、斧头”等工具时，尽管他并非凶手，但他依然对“斧头”产生了强烈的朝向反应。但这种强烈的朝向反应，是基于他每天与斧头打交道所形成的习惯化的反应，而并非基于他对于本案存在犯罪记忆痕迹而出现的异常反应。

需要说明的是，为了突出想要强调的重点，我对本书中案件的测谎过程和结论，均做了一定程度的简化处理。

正如我在前文中所提到的，在测谎实践中，整个测谎中的所有测试问题，会形成一整套完整的逻辑体系，各个问题的测试结果之间，会形成很好的相互印证。测谎师并非单纯依靠对某一个问题的测谎结果，就得出了最终的测谎结论。

而在此处，我想强调的其实是，有些容易被忽视的细节，有时却会导致测谎结果出现很大的误差。

这些细节之所以被忽视，有时是因为从表面上来看，它似乎与测谎所关注的内容之间，并不存在明显的联系。但恰恰正是这些看起来与测谎所关注的内容并没有什么直接联系的细节，有时却会以一种非常隐蔽的方式，影响着被测人生理指标的反应变化。

这其实也是提醒测谎师，在进行测谎准备工作的过程中，尤其是在对测谎题目进行编制的过程中，一定要对被测人的成长经历、工作职业、教育程度等进行详细的了解，以防止被测人在这些方面的一些个性化特征会导致测谎结果存在其他的解释可能性。

例二：一名女子在下夜班途中遭遇抢劫。依据该名女子陈述，由于公司与家之间的距离并不远，因此尽管当时已是深夜，她依然选择了步行回家。

而就在回家的途中，这名女子被一名男子拦住，并抢走了她随身携带的钱包。由于当时正值深夜，再加上案发地点附近的路灯照明条件不佳，所以该女子也并没有能够看清这名男子的长相。

经过调查，办案人员锁定了一名嫌疑人。但由于该名嫌疑人辩称自己与本案无关，于是办案人员委托测谎师对本案的嫌疑人进行测谎。

在测谎师针对本案所编制的题目中，有这样一套题目：

你知道，那个女的是在哪里被抢的吗？

是在医院附近吗？

是在图书馆附近吗？（目标问题）

是在小区附近吗？

是在体育场附近吗？

是在广场附近吗？

……

测谎师之所以要编制这套题目，是因为依据该名女子的陈述，她当时是下班后走到 ×× 图书馆前面时，遭到了抢劫。依据这一案件隐蔽性情节，测谎师编制了这套题目。

如果这名被测人是真正的作案人，那么当他在回答目标问题“是在图书馆附近吗”时，应当会出现异常的生理指标的反应。

然而，对这套题目的测谎结果显示，被测人在回答各个问题时，生理指标并未出现显著的异常变化。

换句话说，单纯从这套题目的测谎结果来看，被测人并不知道这起抢劫案是在哪里发生的。

这么看来，这名被测人似乎对于这起抢劫案并不知情。

但事实上，这名被测人确实就是真正的作案人。

那么，为什么被测人在回答“是在图书馆附近吗”时，并没有出现异常的生理指标反应?

其实原因在于，测谎师在编制这套测谎题目的过程中，忽略了一个问题，那就是，考虑到案发的具体时间，只有在作案人对周边环境熟悉的情况下，才会知道案发地其实是在一座图书馆附近。

但本案的作案人，实际上是属于流窜作案。

既然是流窜作案，对案发现场周围的环境自然并不像本地人那般熟悉。案发时间是在深夜，照明条件很差，再加上作案人对于周围的环境比较陌生，于是就没有留意到，自己是在一座图书馆的附近实施的抢劫。

鉴于此，如果测谎师忽视了这样一个细节，那么这套题目在编制上就会存在问题，最终可能导致真正的作案人被错误地判断为无辜者。

魔鬼藏在细节中，这句话在测谎这一行业中同样适用。前文曾经提到过，测谎的本质是一个心理学实验。既然是实验，就需要细致地消除实验中可能存在的各种误差。

所以，测谎师应当始终以心理学实验的思维方式，通过对每一次测谎案件的具体分析，明确这次实验中所存在的各类误差，并在第一时间对各类误差进行有效的控制或者消除。

唯有如此，才能确保测谎结果的准确性，才能保障测谎结果在解释可能性上的唯一性。

幽灵抗辩：测谎巧妙甄别

幽灵抗辩，是指嫌疑人为了逃避法律惩罚，提出了一些完全难以查证的辩解事由。

幽灵抗辩来源于台湾地区的一件走私案。在这件走私案中，被告人的船上被发现有大量的走私香烟。但是被告人声称，自己没有走私，这些走私香烟根本就不是自己的。之所以自己的船上会有这些香烟，是因为自己在海上遇到了海盗，海盗把他捕到的鱼抢走了，并把上千盒香烟丢弃在了自己的船上。所以，他自己也是个受害者。

举个例子来说，当警察从嫌疑人的包裹里找到了一包毒品时，嫌疑人解释道：

“刚才我在大街上溜达时，有个男的从我身边跑了过去，把一包东西塞进了我的包里，然后一溜烟儿就跑掉了。所以这包毒品不是我的，而是那个男子的。至于那个男的，我也没有看清楚他到底长什么样子，也不知道他是谁，我更不认识他。”

通常，幽灵抗辩有几个特点。

一是不合常理。由于情节是编造而来，所以难免生硬和不合逻辑。鉴于此，案件承办人综合全部在案证据，进行仔细审查，往往就会发现其中的矛盾之处。

二是情节简单。因为越简单的谎言越不容易出现破绽，而越复杂的谎言越需要耗费认知资源，所以说谎者自然会选择前者。这对于说谎者来说，既相对轻松，又相对安全。

三是难以查证。如果所编造的情节十分轻易就能够被办案人员查明，那么对于说谎者来说，会是一件十分难堪和糟糕的事情。鉴于此，说谎者往往会使得编造的情节变得难以查证，从而给办案人员制造麻烦。

但是，如果嫌疑人提出的幽灵抗辩听起来非常合理，并且没有逻辑上的明显破绽，案件承办人出于对案件认真负责，会将案件委托到测谎实验室，委托测谎师帮助判断，嫌疑人所说的“幽灵”是否真的存在。

毕竟，如果“幽灵”真的存在，就不能让无辜的人受冤枉。

而测谎在帮助案件承办人核实“幽灵抗辩”案件中，确实起到了十分独特的作用。

为了能更好地说明测谎在办理“幽灵抗辩”案件中的作用，我虚构了这样一个例子。

一起命案，死者是被一位清洁工人在一片小树林里发现的。当时，死者仰卧在一条长椅边，地上有一大摊血。

被害人是一名年轻女性，职业是一名超市理货员，还没有结婚。经法医鉴定，一把锐器刺入被害人左胸，造成了被害人死亡。

为何一个年轻女孩会独自一个人出现在小树林里？又是谁会对她下此毒手？

办案人员对被害人周围的人进行了走访调查，得到的反馈却是，被害人平时待人和气，与周围的同事相处融洽，没与什么人红过脸，更没有与什么人交恶。

被害人的一位同事向办案人员透露，被害人遇害的前一天中午，曾与她一起吃过饭。其间，她曾听被害人提起过，晚饭后要跟男朋友一起看电影。

办案人员沿着这一线索迅速展开行动，很快找到了被害人的男友。而被害人的男友也承认，案发前，自己确实与死者在一起。

很快，在被害人男友家楼下的垃圾桶内，办案人员发现了一件带血的 T 恤衫。

案子进展到这里，似乎可以进行这样的推测：案发深夜，被害人与男友在小树林约会，男友出于某种原因杀死了被害人，随后逃走。

但本案的作案工具，却始终未被找到。

另外，杀人也需要有杀人动机，办案人员就被害人与男友之间的感情状况，询问了他们二人的朋友和同事，得到的反馈都是两人感情甜蜜，男友对被害人百依百顺，没见两人闹过什么矛盾。

更大的疑问在于，嫌疑人到案后，办案人员还没有来得及对其进行更加详细的讯问，他却情绪激动地先发话了。

嫌疑人说，他才是受害者。

待平静下来，嫌疑人向办案人员讲述了那天晚上发生的事情。

被害人是超市的理货员，嫌疑人经常去被害人工作的超市买东西，一来二去的两人就熟了，并很快发展成了恋爱关系。案发当晚，二人约好下班后一起去看电影。见面后，二人在一家餐馆吃了点东西，就进了电影院。

当电影散场时，已经是晚上十点多。尽管时间已经不早，但二人爱到深处，你侬我侬，难分难舍，于是二人一合计，再去附近的长椅上坐一会儿。

热恋中的情人有数不尽的话要说，这一待就待到了午夜十二点多，周围一点动静也没有了。二人拥吻在一起，沉浸在浪漫之中。正在这时，有三个人影朝二人的方向走了过来。

按照嫌疑人的供述，直到那三个人影走到他和被害人面前，他们才发现。而他之所以能够发现，是因为他闻到了一股浓烈的酒精味。

来的是三名男子，并且应该是喝过了酒。走在最前面的一个小个子男子叫了一句："妹儿，来跟我们也一块儿乐和乐和吧。"

说完，就伸出手去拉被害人。

二人这才反应过来，是遇到了流氓。

等嫌疑人反应过来，用手猛地推了小个子男子一把。小个子男子伸手一招架，二人就纠缠在一起。走在后面的那两个人见状，一个人冲他就走了过来，另一个人骂骂咧咧地冲一旁的被害人走了过去。

但嫌疑人已经无暇顾及被害人，因为第二名男子也已经走到了他面前。

很快，嫌疑人就被两名男子打翻在地，小个子男子用力按住他的身体，坐在了他的后背上，另一个人开始用力地踹他。

而就在这时，突然传来了被害人的一声惨叫。几个人都惊住了，纷纷往被害人的方向看去，发现被害人已经倒在了地上。

嫌疑人还没有弄明白发生了什么事情，那三名男子一溜烟儿地跑了。

嫌疑人从地上爬起来，飞快地跑到被害人跟前，借着十分微弱的灯光，发现被害人已经捂着胸口倒在地上，嘴里也已经说不出话来。他尝试喊被害人的名字，但被害人的意识已经越来越弱，很快就没有反应了。

嫌疑人称，他脑海中确实闪现过“报警”的念头，但现场只有他一个人，如果他报案，警察一定会怀疑是他杀了被害人，没有人能给自己作证。

况且，他还有过前科，警察就更加难以相信他的陈述。于是，他鬼使神差地丢下被害人，飞快地跑回了家。

接下来发生的事情，就是被害人的尸体被发现，警察通过走访调查，将其锁定为嫌疑人。

除此以外，嫌疑人辩称，自己左胳膊也受了刀伤，就是被当时其中一名男子用刀划伤的。

简单来说，这起案件需要测谎师来核实的关键问题是，这三个“幽灵”是否真的存在。

但要想核实这三个“幽灵”是否存在，并不是容易的事。

在这里插入一段题外话。

从犯罪心理学的角度来讲，任何犯罪行为都是在一定的时间和空间背景下发生的。大多数的作案人不是傻子，他们不会随随便便地就选择某个时间和地点作案。相反，他们都很精明，他们会在经过理性的分析后，选择自己最具有安全感的时间和空间作案。

也正因如此，在犯罪心理画像技术中，画像师会很重视归纳各作案时间段和案发地点之间的规律性。

因为这可以告诉画像师，作案人在什么时间和地点会觉得安全。

那么什么时间和地点能让作案人觉得最安全？

每个作案人似乎各不相同。以强奸犯罪为例，有的作案人会选择在自己的家中对被害人实施强奸，而有的嫌疑人则会偏爱于在被害人家中对其实施强奸。但通常来说，月黑风高、伸手不见五指的小树林，公园假山，狭窄胡同，甚至大学校园，都是作案人优先选择的场所。

照此看来，很不幸的是，那些适合约会的场所，同时也是适合作案人实施犯罪的场所。

而年轻的情侣们又往往是作案人偏爱的一类作案对象。因为他们完全沉浸在两人世界中，丝毫察觉不到四周的潜在危险。

很多时候，当作案人还没有去寻找作案对象时，年轻的情侣们已经送上门来。

所以说，情侣们在开始缠绵之前，可一定要首先确保自身的人身安全。

言归正传。

怎样通过测谎，来帮助判断三个“幽灵”是否存在？

在详细查阅了本案全部的卷宗材料，并重新回看了案发现场后，测谎师最终确定了六个主要的测试主题，依据这六个测试主题的测试结果，来综合判断“幽灵”是否真的存在。这六个测试主题如下：

第一，案发前，嫌疑人有没有做相应的准备。

第二，案发当晚，嫌疑人是否带了匕首之类的凶器。

第三，那把杀害死者的凶器，嫌疑人是否知道现在哪里去了。

第四，案发当晚，嫌疑人是否做过伤害被害人的行为。

第五，案发当晚，嫌疑人是否遭遇过三名男子。

第六，嫌疑人胳膊上的伤，是谁造成的。

依据这六个主题，测谎师编制了数套相应的测谎题目。而这六个主题的测试结果之间，其实也存在着相互印证的关系。

需要强调的是，测谎师编制测谎题目时，绝不是碎片化地编制一道道题目，也就是我们平时所说的“想到哪儿就问到哪儿”，而是一定要先梳理清各测谎题目之间的逻辑关系，确保各测谎题目之间可以实现有效的相互印证。

唯有如此，才能确保最终测谎结论的准确性和唯一性。

至于如何保证各测谎题目之间的相互印证，我在后文将展开进行讨论。

每个测试主题，依据其测试点不同的特征，测谎师又可以选择不同的测谎范式进行测试。

对嫌疑人进行第一个主题的测谎，结果显示：案发当晚，被测人并没有做过相应的准备。

对嫌疑人进行第二个主题的测谎，结果显示：被测人当晚确实携带了匕首一类的东西。

对嫌疑人进行第三个主题的测谎，结果显示：被测人知道那把杀害被害人的凶器哪里去了。

综合第二个和第三个主题的测谎结果来看，被测人确实携带了匕首，并且知道凶器的去向。但这并不足以说明，被测人一定就是杀害被害人的凶手。

所以，对第四个主题的测谎就显得很重要。对嫌疑人进行第四个主题的测谎，结果显示：案发当晚，被测人确实实施了伤害被害人的行为。

这几个主题的测谎结果结合在一起，能够表明被测人与被害人的死脱不了干系。

但是需要引起注意的一点是，对第一主题的测谎结果显示：被测人并没有为当晚的杀人行为做过准备。

这在一定程度上可以说明，即使被测人确实实施了杀人行为，那么他的杀人行为也并不是典型意义上的预谋杀人，而更可能是一次激情状态下的杀人。

这对于下一步分析嫌疑人的作案动机，有重要意义。除此以外，为了确保测谎结果的准确性和结论的唯一性，测谎师还需要接着对主题五和主题六进行测谎。

这是因为，主题五和主题六，实际上是从另外两个不同的角度，分别印证之前测谎结果的正确性和唯一性。

对嫌疑人进行第五个主题的测谎，结果显示：案发当晚，嫌疑人并没有遭遇过“三个流氓”。换句话说，这“三个流氓”，完全是嫌疑人编造出来的“幽灵”。

对嫌疑人进行第六个主题的测谎，结果显示：嫌疑人受的伤，是他自己造成的。

主题五和主题六的测谎结果，分别从另外两个不同的角度印证了之前得出的测谎结论。

于是，通过对被测人进行六个主题的测谎，测谎师可以得出这样的结论：被测人当晚携带了匕首，并对被害人实施了伤害行为。遭到“三个流氓”侵害的情节，是被测人编造出来的，被测人胳膊上的伤也是被测人自己造成的。现在被测人知道杀害被害人的凶器在哪里，但他并没有在事前就为杀害被害人做过相应的准备。

年轻：测谎师的短板？

对于很多职业来说，年轻是资本，代表着你还可以改变，还可以进步，甚至还可以犯错。

但对于测谎师来说，年轻在很大程度上，却成了一块短板。

时至今日，我还清楚地记得，当我第一次主持测谎时，一位老师见到我，口中说出这样一句话：

“你这张脸，做测谎不太行。”

我赶忙在脸上摸了几下，没有发现什么异样。

这位老师说道：

“我的意思是，你这张脸太年轻，做测谎，差点儿。”

测谎的一个特殊性在于，测谎师是要与被测人进行面对面的直接交流的。

正因如此，对于测谎师来说，除了要具备专业水准，测谎师的个人相关因素也在整个测谎过程中发挥着作用。

这具体体现为，在整个测谎过程中，测谎师必须让被测人形成“信任感”。这种“信任感”，具体来说，就是测谎师要让诚实的被测人相信，只要他如实回答测谎师所提出的问题，测谎的最终结果一定能证明他是诚实的。同时，也要打消说谎的被测人的侥幸心理，让他相信，如果不如实回答或隐瞒事实，那么当天的测谎，一定会戳穿他的谎言。

但试想，一名饱经风雨、社会阅历丰富的被测人，当他面对一名可能还没有他的孩子年龄大的测谎师时，他看着这张稚嫩的脸，内心会不会闪现这样的怀疑：

“这个测谎师，到底能不能靠谱？”

“我能不能信任他？”

在这种情况下，诚实的被测人会开始担忧和紧张，担心即使自己如实回答问题，但测谎师会不会因为实践经验缺乏或是专业水平不足，冤枉了自己。

相反，说谎的被测人则会开始打起自己的小算盘：

“这个测谎师这么年轻，估计很好糊弄。”

于是，说谎者开始抱着侥幸心理继续编造自己的谎言，希望能够借助自己丰富的社会经验和专业知识瞒天过海，从而骗过年轻的测谎师。

年轻，似乎就成了测谎师的短板。

但绝不是说，年轻，就做不了测谎师。

我有幸聆听过几位大测谎师的教诲。而关于“年轻，怎么做测谎师”的问题，一位前辈曾经这样叮嘱过我：“年轻的测谎师，就发挥年轻的优势，就是扎实全面的专业能力、一丝不苟的专业态度和认真负责的专业精神。”

我曾接手这样一起交通肇事案件的测谎。而对这起案件的测谎，也让我对这段话有了更深刻的认识。

这原本是一宗简单的交通事故，但却被怀疑成是一起有预谋的雇凶杀人。

刚接手这个案子时，我曾一度认为，这是一起案件承办人怀疑有人顶包的案件。尽管交通肇事类案件的案情相对简单，但替人顶包现象也是常常发生的。也正因如此，实践中，如果交通肇事类案件被送到测谎实验室，那么往往是案件承办人怀疑真正的肇事司机另有其人，到案的不过是个替罪羊而已。

但通过仔细阅读案件承办人送到实验室的测谎委托书，我发现，本案不是怀疑存在顶包犯罪，而是怀疑谋杀。

既然是怀疑谋杀，莫非是肇事司机跟死者有仇？

但根据在案证据来看，肇事司机跟死者先前根本不认识。

既然两人不认识，那为什么要怀疑谋杀？

依照案件承办人的解释，肇事司机被怀疑是受人指使，开车撞死了被害人。而肇事司机则坚称，这完全只是一场交通意外。正因如此，案件承办人委托我们进行核实，这起交通事故，究竟是意外，还是有人蓄意为之。

这起案件的被测人，年龄比我大一倍还要多。当他坐在测谎椅上注视着我时，我从他的眼神中读出了怀疑。

我与被测人将整个事件的来龙去脉进行了重新的梳理。待梳理完成后，正式的测谎准备开始。

此时，被测人突然冒出来一句：

“我相信你，今天的测谎一定能证明我的清白。”

他说道：

“刚才您跟我梳理事情经过的时候，我故意说错了几个小的细节，但你都马上进行了追问，说明你对我的这件事情的整个过程了解得很细致透彻。

而发生事故的那个路口的特征，在刚才的谈话中，我也感觉到你十分清楚，因为有的细节特征单凭观看监控录像，估计是没法知道的，所以我想你一定是亲自去现场看过。最后，我在刚才谈话的过程中，提出的每一个关于测谎的疑问，你都很通俗易懂地给我做了解释，这说明你对测谎了解得很深入透彻，对我也很坦诚，而不是对我故弄玄虚。基于这几点，我相信你，相信你一定能证明我的清白。”

被测人能够完全地信任测谎师，那么这次测谎就已经成功了一半。

后来的测谎结果也确实显示，被测人的陈述是实话，这的确只是一起普通的交通意外。

所以，当年轻的测谎师在与被测人面对面进行测谎时，不可避免地会面临年龄差距大、社会经验缺乏等方面的短板。但是，只要本着认真负责的态度研究案件，本着公平客观的立场进行测谎，本着实事求是的原则分析判断，年轻的测谎师也照样可以出色地完成测谎任务。

假设验证：三人三说法

测谎师在对被测人进行测谎时，一定要站在中立的立场，不应当对被测人持有任何预设的偏见。

但这并不是说，因为测谎师要保持中立的立场，所以测谎师在对被测人进行测谎时，内心对案件事实没有形成任何的假设。

我想要表达的是，如果一名测谎师在对被测人进行测谎时，内心对案件事实可能是怎样的，没有任何思考和假设，那么这次测谎一定会是缺乏针对性的，也是盲目的。

测谎师在正式进行测谎之前，一定会在综合分析本案案情的基础上，最大限度地将本案事实的所有可能性全部列出，并在正式测谎的过程中，进行针对性的验证，最终确定究竟哪一种假设，才是真正的案件事实。

所以，从这个层面上讲，正式的测谎像是测谎师逐个“验证”各种假设，最终锁定哪种假设成立的过程。

下面我虚构了这样一个例子，目的就是来说明这个假设验证的过程。

某夜发生一起命案，一名外来务工人员死亡。由于案件中的三个嫌疑人竟然讲出了三种不同的说法，使得案件真相变得有些扑朔迷离。于是，测谎师受案件承办人委托，帮助案件承办人对案件事实进行还原。

对于命案的测谎，测谎师总是会如临大敌，原因有二。

一是，被害人已经不在，出现了“死无对证”的局面，无法对被害人进行测谎，也就无法与对嫌疑人的测谎结果之间形成相互印证。

二是，毕竟是一条人命没了。

三名嫌疑人甲、乙、丙，平日主要就是靠出租音响之类的设备为生。为此，三个人租下了郊区的一座大平房，平日里用来放置大型的设备。

案发当晚十点多钟，三个人把设备卸车，喝了点酒，正准备休息。突然，一个人从外面走进院子，三人认出来是住在附近的丁。由于甲、乙、丙三人平日里经常在晚上来回搬运音响设备，丁觉得打扰了他的休息，双方为此还闹了一次不愉快。

丁一推门走进院子，就开始朝屋子的方向叫骂。三人从屋里来到院子，走到丁面前，顿时闻到了一股浓烈的酒精味。

丁借着酒劲儿，骂得很难听。于是，双方爆发了激烈的争吵。

后来，乙和丙两个人架起醉醺醺的丁，把他推出了院外。

第二天一早，丁被发现死在了院外。

经过法医鉴定，丁是颅底骨折造成的死亡。

那么，丁的死亡时间是什么？是谁造成的？又是如何造成的？

甲、乙、丙三人，竟然给出了三种说法。

下面我们分别来看三人的陈述。

甲陈述：

“当晚丁来闹事，被我们几个赶出了门，结果后半夜他又过来闹事，咣咣地砸门。我穿上衣服走到院门口，还没有打开门，就听到门外‘扑通’一声。我赶忙打开门，就看到他仰面栽倒在地上了。我连碰都没碰到他，我不知道是他自己喝多了站不稳，还是有别人打倒了他，反正我打开门的时候，他已经躺在地上了。我就站在那儿叫他，他也不答应，就是躺在地上哼哼。这个时候乙也出来了，我们商量了一下，乙说用绳子把他绑上，然后把他放在电线杆旁边醒醒酒。后来抬他的时候，我们也叫丙出来帮忙了，当时他的脑袋没受伤，我注意看过。第二天，我才知道丁死了，听说头受伤了，但是我没打过他。”

乙陈述：

“那天晚上丁来闹事，我们把他赶走以后，到了半夜他又过来砸门。我刚穿上衣服，准备去开门，就看到甲已经走了出去，打开了院门。然后我也赶紧往门口跑去。我跑到大门口，俩人正在吵吵，我看见甲朝着丁猛地踹了一脚，然后丁就仰面倒在地上，没了动静，只剩下嘴里还一直哼哼着。我赶忙上前看了看，然后问甲怎么办。甲说，甭管他，把他手脚绑起来，扔到电线杆那里醒醒酒。我于是就跟着甲到库房里找绳子，我俩找了一阵子才找到了合适的绳子。然后，我俩又回到院门口，开始用绳子绑他的手脚，绑的时候我看到丁的脑袋下面有一摊血，但是甲说不要紧。等绑好后，甲就去丙的房间叫丙出来帮忙，我们三个就一起把丁从院门口抬到了一根电线杆旁边放下了。然后我和丙就回屋睡觉了。第二天，我们听说丁死了。”

丙陈述：

“当晚丁来闹事，让我们几个赶出去了，然后我们就都回屋睡觉了。之后就什么事情都没有发生了，丁也没再来过，我也没绑过他，更没有甲和乙所说的叫我一块儿把丁抬到电线杆那里的事情。他们两个说丁后来又来闹事，那是胡说八道。至于丁怎么死的，我完全不清楚。”

三个人，三种说法。

首先，我们可以对三名嫌疑人的说法，进行一个简单的总结概括。

简言之，甲坚称，他根本没打过被害人，也不知道被害人究竟是怎么死的。被害人的死亡与他没有任何关系。

乙一口咬定，是甲将被害人丁一脚踹倒在地，致使被害人摔倒时头部受伤死亡。之后，甲、乙、丙三人将被害人丁绑住手脚后，抬到电线杆处。

丙则坚持强调，被害人丁之后根本就没有再来过，后面发生的事情都是甲、乙二人编造的。

基于以上信息，测谎师应当对本案存在的所有可能性，进行全面的搜索和梳理，明确各种可能性存在的合理之处和不合理之处，从而为测谎阶段的“假设验证”打下比较好的基础。

可能性一：案发当晚，醉酒的被害人丁后半夜再次敲门闹事，甲开门后与被害人发生冲突，之后甲将被害人踹倒在地，造成被害人头部受伤死亡。

可能性二：案发当晚，醉酒的被害人丁后半夜再次敲门闹事，但由于被害人酒后意识不清，站立不稳，自己摔倒在地，导致头部受伤死亡。被害人倒地与甲并没有关系。

可能性三：案发当晚，醉酒的被害人后半夜根本就没有再来嫌疑人的院子闹事，甲、乙两人出于某种原因，编造了后来被害人再次敲门闹事等一系列情节。

……

但是不论是哪一种可能性，均有其他嫌疑人的供述与之相矛盾。

比如，如果可能性一为真正的案件事实，即真的是甲将被害人打倒在地，

 造成了被害人受伤死亡，之后甲、乙二人将被害人绑好手脚后，找丙帮忙一起将被害人抬到电线杆处，那么丙既然知情，为何不如实供述后来的情节，反而要故意隐瞒这段关键性情节，坚称后来什么都没有发生过，结果使自己的犯罪嫌疑陡然上升？

当然，多名嫌疑人故意对事实进行篡改和编造，妄图通过形成多份相互矛盾的供述，达到混淆视听的目的，测谎师自然也是要进行考虑的。

测谎师在罗列出案件事实的各种可能性后，在每一种可能性中继续进行细分。

比如在可能性一中，被害人的死亡确实是甲造成的，那么关于丙为何要有意隐瞒后面那段关键性的情节，又存在具体至少四种可能性。

可能性一：由于案发当晚，丙确实也饮了大量的酒，可能存在大量摄入酒精造成感知和记忆出现了偏差。

可能性二：是丙造成了后来被害人倒地死亡，但甲、乙并不知情。所以丙有意隐瞒后面发生的事情，企图瞒天过海。

可能性三：丙参与了后来对被害人的伤害行为，因为担心自己也要为被害人的死承担一部分责任，所以故意隐瞒后面发生的事情。

可能性四：丙想要包庇甲，或者是收受了好处，或者是受到了威胁，或者是出于哥们儿义气，从而故意隐瞒了后来发生的事情。

其他几种案件事实可能性的分析过程，也与之类似。

对这种多人多说法的测谎案件，测谎师对所有案件事实可能性，进行了系统的列举和梳理。之后通过正式的测谎，测谎师就将对之前形成的假设进行验证，以确认究竟哪一种假设，才是真正的事实。

这一项工作说起来轻松，其实需要测谎师花费巨大的时间和精力，才能对整个案件完成系统的梳理。

而关于本案的正式测谎，测谎师首先分别对甲和乙进行了测谎。

对这二人的测谎结果显示，案发当晚，被害人丁确实又在后半夜砸门叫骂，甲在与其争执的过程中，一脚将其踹倒在地，造成了被害人头部受伤死亡。

换句话说，第一，那天晚上后来的事情确实存在，并非甲、乙随意编造；第二，那晚被害人倒地并非醉酒造成，而是甲踹其一脚造成的。

那么，接下来测谎师要弄明白的问题就是，为何丙要故意隐瞒案件的事实？

于是在对丙测谎时，测谎师首先要测试的问题就是，究竟是因为丙当晚饮酒过多，对后来发生的事情根本就没有记忆，还是丙心里清楚后来发生了什么，只是故意隐瞒而已。

以下为对丙进行正式测谎的部分问题及回答。

问：“那晚把被害人推出院子后，他后来又回来过吗？”

答：“没有。”

……

问：“被害人后来又倒地过吗？”

答：“没有。”

……

测谎结果表明：丙对那天晚上后来发生的事情，心里是非常清楚的。

所以测谎师排除了丙为什么故意隐瞒这段情节的第一种可能性。

接下来测谎师要核实第二种可能性，即丙故意隐瞒，是否为了包庇甲？

对这套题目的测谎结果也表明：丙隐瞒事实，并非为了包庇甲。

所以第二种可能性也被排除了。

第三种可能性，就是丙造成了被害人倒地受伤，为了不使自己的行为暴露，所以故意隐瞒了后面的整个情节。

但是，不论是甲还是乙，都从来没有提到过，被害人倒地受伤是丙造成的。为了能够进一步排除其他可能性，测谎师还是对丙针对这一问题进行了测谎。

测谎结果显示：被害人倒地受伤，并不是丙造成的。

在把前三种可能性一一排除后，还剩下一种可能：丙并没有造成被害人摔倒受伤，但丙也曾实施伤害被害人的行为。因为担心被发现后要受到惩罚，所以丙坚称，后来发生的事情都是不存在的。

测谎师针对这一问题对丙进行测谎：

"那天晚上，被害人倒地后，你又打过他吗？"

测谎结果显示：那天晚上，被害人倒地后，丙确实又打了他。

接下来是进一步的精细测试：

"那晚被害人最后一次摔倒后，你用什么东西打了他，能说清楚吗？"

……

"是用砖头打的吗？"

……

"是用拳头打的吗？"

……

"是用凳子打的吗？"

……

"是用棍子打的吗？"（目标问题）

……

"是用其他东西打的吗？"

……

测谎结果显示，被测人在回答"是用棍子打的吗"时，生理指标出现了显著异常的反应。换句话说，当晚被害人摔倒在地后，丙又用棍子打过他。

在这里需要指出的是，测谎师此处所列问题中的砖头、拳头、棍子等，并非基于凭空想象，而是基于对全部在案证据的研判而做出的合理推测。

通过进一步的精细测试，三名嫌疑人为何会出现三种不同的说法，也得到了合理的解释。

案发当晚，被害人丁到三名嫌疑人租住的房子闹事，被三名嫌疑人推出院外。后半夜，丁再次到嫌疑人租住处砸门叫骂，将甲、乙、丙三人吵醒。

甲最先走出房间，开门后与丁发生冲突，冲突过程中，甲一脚将丁踹倒在地，丁躺在地上呻吟。

此时乙也赶到门口，甲、乙二人商量后决定，为了防止丁再闹事，就去库房找绳子将丁的手脚捆起来。于是二人去库房找绳子，找了一阵子才找到合适的绳子。

在甲、乙二人去库房的这段时间，丙从旁边的房间里拿了一根棍子，走到门口看到丁躺在地上，以为丁又在耍无赖，于是一棍子捅在了丁脸上。

后来，丙看丁没有反应，心里顿时害怕，担心自己下手重了，于是赶紧拿着棍子跑回了自己的房间。

之后，甲、乙二人拿着绳子来绑丁，后来叫丙过来一起帮忙，把丁抬到了电线杆旁边。丙于是硬着头皮跟他们一起将丁抬到了电线杆旁。

再后来，丙听说丁死了，还是头部受伤死的，担心是自己那时捅的那一棍子造成的，于是坚决否认后来发生的所有事情，担心自己的行为暴露，要承担赔偿责任。

但事实上，真正的致命伤，其实并不是丙后来的行为造成的。

在日常生活中，当两个人各执一词时，判断孰真孰假就足以让我们感到头疼。而在测谎实践中，测谎师经常面对的，有时会是三人三说法，四人四说法，甚至是五人五说法。

倘若测谎师在对各被测人进行正式测谎前，自己都没有形成清晰的测谎思路，没有对各种案件事实的可能性进行系统的梳理，那么最终测谎结果的混乱，也就在意料之中了。

关注：那些异常的东西

案件中，那些异乎寻常的情节，对于测谎来说，往往有着更为重要的意义。

但很多时候，测谎师和案件承办人在沟通过程中，会出现下面这种沟通障碍。

测谎师：这个案子都丢了什么东西？

承办人：主要就是首饰和钱。

测谎师：现场还丢了什么其他东西吗？

承办人：应该没有别的东西了。

测谎师：有什么不常见的东西被偷了吗？

承办人：丢了块蛋糕，算吗？

测谎师：你刚才说什么？一块蛋糕？哪里的？怎么不见了？跟我说说看。

承办人：就是失主家冰箱里的一块蛋糕，不见了，失主说应该是小偷在偷东西的时候，顺手把那块蛋糕拿走吃了。

测谎师：这个情节很重要，你能不能详细跟我描述一下？

承办人：这有什么重要的？

测谎师：这是个异常情节，可能真正的作案人会在这个情节上存在记忆痕迹。我打算从这个角度编一套题目。

承办人：蛋糕的问题不用你测谎，我觉得当务之急，你还是核实一下那些钱和首饰到底是不是嫌疑人偷的，我们主要想弄明白的其实就是这个问题。

测谎师：……

出现这种情况的原因，其实也很简单，因为测谎师和案件承办人所站的角度不一样，所关注的事物也不同。

对于案件承办人来说，所有的关注内容，其实可以归纳为简单的四个字：定罪量刑。也正因如此，案件中涉及定罪和量刑的情节，会引起承办人的关注。

相反，那些并不能影响定罪或量刑的案件情节，承办人有时并不会给予太多的关注。

但测谎师与承办人不同，测谎师所有的关注内容，其实也可以归纳为简单的四个字：心理痕迹。

测谎师在整个案情中搜寻的那些案件情节，其实就是可能给真正的作案人留下清晰心理痕迹的情节。通过测试被测人是否存在这些记忆痕迹，进而判断被测人与案件的相关程度有多大。

具体到上面这段对话，案件承办人认为，嫌疑人是否偷窃了那些现金和首饰，才是与定罪量刑相关的、需要核实的内容。至于那块蛋糕是不是嫌疑人吃的，相对来说没那么重要。

但测谎师认为，吃掉冰箱内的一块蛋糕，是本案中存在的一个隐蔽性情节，应当会给真正的作案人留下较为清晰的心理痕迹。所以从这个角度进行测谎，能够很好地确定被测人对此是否存在相应的心理痕迹，即判断被测人究竟是不是真正的作案人。

所以，测谎师在分析案情并编制测谎题目的过程中，其实就是在考虑：在这件事情的整个过程中，真正的作案人可能会在哪些情节点上留下相应的心理痕迹。

举个例子。

一起故意杀人案件，作案人将被害人杀死在卧室内，之后走出房间准备离开。这时，被害人院内的两只狗开始朝作案人狂吠。作案人此时杀红了眼，于是从一旁的地上抓起一根棍子，朝其中一只狗猛打了数下，将这只狗打死了，作案人随后逃离了现场。

案发后，办案人员经过摸排走访了解情况，最终锁定了一名嫌疑人。但为了确定该嫌疑人是否为真正的作案人，遂委托测谎师对其进行测谎。

使用棍子将狗打死，可能并不会影响到本案对作案人的定罪量刑，但测谎师在接手此案后，通过对案情的分析，认为真正的作案人应当对“使用棍子将狗打死”这一情节存在记忆痕迹。

所以，测谎师进一步依照这一异常情节来编制相应的测谎题目，作为整个测谎思路中的一部分，进而判断嫌疑人与本案的相关程度究竟有多高。

但我们会发现，这可能会存在一个问题。那就是，尽管测谎师认为这些情节是一些异常的情节，真正的作案人应当会对这些情节留下相应的记忆痕迹。但是，测谎师毕竟不是真正的作案人，测谎师所认为的这些能够给作案人留下记忆痕迹的情节，作案人也许根本就没有关心过，更别提留下相应的记忆痕迹了。

换句话说，你所关心的，未必就是他所关心的。

打个比方，歹徒于深夜窜至被害人家中，持凶器将被害人杀死，之后逃离了现场。办案人员随后抓获了嫌疑人，并委托测谎师来核实，该名嫌疑人是不是真正的作案人。

测谎师重新到案发现场进行了查看，发现在被害人被杀死的卧室内，墙上贴着一幅非常血腥的画像。

测谎师认为，歹徒在这个位置杀死了被害人，那么他一定会看到这幅血腥画像，所以这幅画像很有可能会给真正的作案人留下较为清晰的记忆痕迹。

鉴于此，测谎师依据这道题目编制了测谎题目，希望通过测试该名嫌疑人对这幅画是否存在相应的记忆痕迹，来判断该嫌疑人是否到过案发现场。

但令人遗憾的是，本案的作案人在实施犯罪的过程中，根本就没有注意到墙上的那幅血腥画像。

也就是说，测谎师认为作案人应当关心的东西，作案人压根儿就没有去关心，自然也就没有形成相应的记忆痕迹。

于是可能会带来这种隐患：真正的作案人，会不会被测谎师错认为是无辜的？

但这种“测谎师关心的未必是作案人关心的”问题，又确实难以完全避免。

因为，每个人的感觉、知觉、注意、记忆都是个性化和独一无二的，一个人永远也无法完全知道另一个人在某一具体的情境中究竟感知到了什么，注意到了什么，记忆住了什么。

鉴于此，在测谎实践中，测谎师很少仅仅通过对被测人进行一个问题的测谎，就据此判断被测人的陈述为真或假。

相反，在测谎实践中，测谎师往往会编制数套存在逻辑关联的测谎题目，并对被测人进行系统的测试，而绝非仅仅通过被测人是否存在某一特定的记忆痕迹，就据此下结论。

比如，上面我所举的例子当中，测谎师除针对那幅画的内容进行题目编制外，完全可以同时针对以下几个重要情节进行题目编制，以明确被测人在这些情节上是否也存在相应的记忆痕迹。

其一，你知道凶手作案的时间吗？

其二，你知道凶手是怎么进入屋内的吗？

其三，你知道凶手使用的凶器是什么吗？

其四，你知道死者的伤口在什么位置吗？

其五，你知道凶手是怎么离开的吗？

其六，你知道那把凶器现在在哪儿吗？

……

当然，依据具体的案情，测谎师还可以增加其他题目进行测谎。

这样，通过对整个案件中所有可能会给凶手留下记忆痕迹的案件情节进行系统的测试，避免了对单一情节和记忆痕迹的测试可能造成的误差。通过系统的测试，测谎师也可以明确，被测人到底对本案中的哪些关键情节存在

 记忆痕迹，从而综合评判该被测人是否说谎，是否为本案真正的作案人。

对症下药：测谎师拒绝测谎

案件承办人委托到实验室的案件，测谎师并非不加考虑地全部进行测谎。

相反，测谎师对案件的卷宗材料进行详细的查阅后，会依据案件的具体情形来判断是否接受委托，对案件中的当事人进行测谎。

实践当中的通常做法是，案件承办人将案件委托到测谎实验室，测谎师首先会要求案件承办人将案件涉及的所有卷宗材料一起移交给测谎师。测谎师将具体案情了解清楚后，明确本案是否适合进行测谎，再告知案件承办人是否接受本案的测谎委托。

如果测谎师认为该案件适合测谎，则接受委托，下一步将与案件承办人就委托测试的目标进行探讨。然后，测谎师将着手测谎的具体准备工作。

如果测谎师认为该案件不适合测谎，则详细告知案件承办人具体的缘由。

那么，案件承办人将案件委托到实验室，为什么测谎师会拒绝对一些案件进行测谎？

原因主要有二：

一是，案件本身不太适合进行测谎。

比如，需要测谎师核实的内容，是单纯的情绪情感之类的主观性内容，就不太适合进行测谎。这一点在前文有过详细的论述，这里不做赘述。

二是，当测谎师对案情了解之后，发现测谎并不是解决案件承办人所面临问题的最有效的方法。

这种情况下，测谎师也应当告知案件承办人，本案并没有进行测谎的必要。

举个例子。

案件承办人曾经委托给我这样一起测谎案件。嫌疑人是一名四十多岁的中年男子，父亲已经去世，嫌疑人自己也没有工作，就一直住在自己的母亲家。嫌疑人平时不出门，每天只是窝在家里看电视。更要命的是，他还有严重的酒精依赖。嫌疑人每次喝多后，都会拿自己的母亲出气，有时甚至对母亲拳打脚踢。

而嫌疑人的母亲，一方面无力反抗身强体壮的儿子，另一方面也始终认为家丑不可外扬，所以就这么一直默默忍受着自己的儿子。

案发这天，嫌疑人又喝多了，正巧他的母亲从外面回来。母亲看着躺在沙发上的儿子，终于还是忍不住抱怨了几句。此时嫌疑人已经被酒精搞得有些不清醒了，他拿起了桌子上的水果刀，跟着母亲走进了她的卧室。

然后，在母亲的卧室内，嫌疑人一刀扎死了自己的母亲。

嫌疑人到案后，办案人员迅速对他进行了仔细的讯问。但嫌疑人始终没有承认是自己杀害了母亲，并对那天所有的事情都回答“记不清了”。

于是，这个案子被委托到测谎实验室。案件承办人希望通过对嫌疑人进行测谎，以戳穿其谎言，进而瓦解其侥幸心理。

但在对本案的案情进行详细的了解后，我们发现，也许测谎并不是解决本案存在问题的最佳手段。

从犯罪心理学的角度来看，本案中嫌疑人的行为，实际上是属于“移置性攻击”。所谓“移置性攻击”，是指攻击的对象出现了转移。

依照“挫折—攻击”理论，挫折在很大程度上会引发个体的攻击行为。但是，当个体遭遇挫折时，如果个体本身并没有能力对挫折源本身直接进行攻击，那么他的攻击对象可能会发生转移，这就是“移置性攻击”。

举个最常见的例子，当丈夫在公司遭到老板的责骂后，由于并不能对自己的老板直接进行攻击，所以当他回家后，可能会对自己的妻子和孩子进行言语攻击或肢体攻击。

此时，丈夫对妻子和孩子的攻击行为，就属于典型的“移置性攻击”，因为妻子和孩子并不是引发丈夫暴力行为的挫折源，倒有一些“替罪羊”和“出

 气包”的感觉。

具体到本案，嫌疑人是一名四十多岁的中年男性。这个年龄段的男性，应当是事业有成、家庭美满的。但对嫌疑人而言，他一没有事业，甚至是一份正当的工作，二没有自己独立的家庭，甚至是一个女朋友。换言之，无论是在事业上，还是在家庭上，他都体会到了强烈的挫折感。

也正因如此，他会慢慢变得躲在家中不出门，不与其他的人打交道。因为这个社会给他造成了强烈的挫折感，所以他想要逃离社会。

除了每天待在家中，远离这个社会，他还需要用酒精来麻醉自己。只有这样，他才能彻底摆脱自己心中深深的挫折感和失败感。所以，对酒精的依赖也就不可避免了。

而对于他这样一个一无所有的人来说，尽管社会给他带来了挫折感，但他却没有力量去反抗。他有力量能够去攻击和反抗的，只有一个人，那就是他的母亲。

所以，他的母亲就成了他攻击的“替罪羊”。

但无论如何，他的母亲并不是给他带来内心痛苦的挫折源，所以即使他对自己的母亲拳打脚踢，更多的也是为了恢复内心的平衡，而并不是真的想要去伤害自己的母亲，更不用说亲手去杀死自己的母亲。

也正因如此，在亲手杀死自己的母亲后，面对办案人员的讯问，嫌疑人始终拒绝正面回答，只是反复陈述“不知道”“记不清”。这并非基于侥幸心理的拒供顽抗，而是通过“否认”和“逃避”的心理防御机制，来缓解自己的内心痛苦。

能够认识到这一点，测谎师就可以及时地告知案件承办人：这起案件中，承办人想要解决的问题，也许不应当用测谎的方式来解决，而应当采用其他的方式，让本案的嫌疑人能够卸下心理防御，直面这段不堪回首的记忆，正视那段痛苦的经历。

最终，我并没有对这起案件中的嫌疑人进行测谎，而是在看守所与他进行了一次深入的谈话。

在这次谈话中，我们从他的童年聊到了成年，从小时候母亲对他的宠溺聊到了父亲去世后家庭的变动，从毕业时的踌躇满志聊到如今的虚度半生。

而在我们的谈话过程中，嫌疑人的一段感慨让我也深有感触。这段感慨，大致是这样的：

“发生的这些事情，对我来说就像是一场梦一样。即使现在跟你面对面在这里说话，我依然感觉这一切都是不真实的。我犯的罪，那是十恶不赦的罪，在过去这是要被千刀万剐的。我这些天一直在想，我这一辈子究竟为什么最后成了这个样子。我根本就不知道这一辈子应该怎么活。从我毕业时候起，我就没有想过自己以后究竟要怎么活，一直以来都是不愿意去想，就这么稀里糊涂地活着。也就是在这几天，我才想到，自己已经四十多岁了，我这一辈子都已经过了一大半，我还根本没有去想过，自己究竟要怎么过这一辈子。但什么都已经晚了。”

嫌疑人从二十多岁毕业开始，经历了一次短暂的就业失败后，就不再外出找工作，而是选择终日在家混日子。他本以为自己有的是时间去想，自己以后究竟要怎么过，要成为一个什么样的人。但很快，他年纪大了，却依然没有建立起任何的社会关系，没有形成任何的社会情感，也没有获得任何的社会资源和社会地位。当他发现他这一生即将碌碌无为地度过，而自己又根本无力去改变这一现实时，各种极端行为也就出现了。

“我还根本没有去想过，自己究竟要怎么过这一辈子。”

这是很多罪犯在讲起他们自己为什么犯罪时，经常会提起的一句话。这种现象，被发展心理学家称为“自我同一性混乱”。

发展心理学家认为，在青年期，人如果缺乏理想和目标，对未来处于一种不抱期待的无力状态，会导致他们缺乏兴趣和热情，并导致勤奋感的扩散

 和对责任的回避状态。

这在很大程度上解释了这场悲剧出现的原因。

“自我同一性混乱”出自心理学家埃里克森的八阶段人格发展理论。既然在这里已经提到了“自我同一性混乱”，那么我就将埃里克森的八阶段人格发展理论做一个简单的梳理。

埃里克森的八阶段人格发展理论，十分精辟地概括了在人生发展的各阶段，我们分别会面临哪些冲突和危机，以及如果我们不能很好地应对这些心理冲突和危机，将会在心理发展的哪些方面出现问题，甚至可能导致犯罪行为的出现。

在与许多犯罪嫌疑人的谈话中，我都深深地感受到，正是因为个体在某一发展阶段出现了迟滞，才造成了他们后来犯罪行为的出现。尽管这种心理发展的迟滞可能出现在个体发展的早期，但当我们在对个体多年后出现的犯罪行为进行分析时，依然能够从个体早期的发展经历中，找到犯罪出现的种子。

按照埃里克森的观点，每个人都要经过八个阶段的心理社会演变。这八个阶段，包括四个童年阶段、一个青春期阶段和三个成年阶段。每个阶段都会面临不同的心理冲突和危机。

具体来说，第一阶段为一岁前。在这一阶段，个体无法独立生存，需要完全依靠看护者，与看护者之间形成健康的依恋关系，并在此基础上建立起对周围环境的基本信任感。所以，本阶段个体面对的主要心理冲突是信任与不信任。

如果个体能够形成健康的依恋关系，并且其基本的需要均得到了满足，那么就会形成基本的信任感。但如果个体的基本需要没有得到很好的满足，提出的诉求也没有得到及时的回应，就会形成不安全感和焦虑。

第二阶段为一岁至三岁。在这一阶段，个体的运动能力和言语能力开始得到发展，活动的范围也开始扩大，而看护者在这一阶段也可能会开始对其提出要求。所以，本阶段个体面对的主要心理冲突是自主与害羞。

如果个体能够在这一阶段感受到自己有能力控制自己的身体，有能力自主地去做一些事情，就会形成基本的自主感。但如果看护者对个体进行了过度的控制或约束，那么个体就会感到自己无法完全控制事情，不能顺利地形成自主感。

第三阶段为三岁至六岁。在这一阶段，个体开始主动地进行一些智力活动或运动行为。所以，本阶段个体面对的主要心理冲突是主动与内疚。

如果个体在这一阶段发展顺利，那么他将会认识到自己是有价值的，因此能够主动地与父母进行交流，并认识到自己有能力进入成人的世界。但如果个体在这一阶段的发展受到阻碍，则会产生无价值感和内疚感，他们会认为自己没有能力进入成人的世界。

第四阶段为六岁至青春期。这一阶段个体进入学校，开始正式系统地发展自身的各项能力。在本阶段，个体面对的主要心理冲突是勤奋与自卑。

如果个体在这一阶段能够较好地适应学校提供的技能学习，并与同伴形成良好的交往关系，那么他将会形成勤奋的品质，并培养出良好的自信心。但如果个体在这一阶段始终是以一个旁观者的身份对待学校的学习和与同伴的交往，那么他将会产生强烈的自卑感，从而无法应对以后阶段带来的挑战。

第五阶段为青春期。在这一阶段，个体开始要扮演不同的社会角色，开始迷茫于自己到底要成为一个什么样的人。所以，在本阶段，个体面对的主要心理冲突是自我同一性与角色混乱。

如果个体能够顺利地度过这一阶段，那他就会认识到自己是谁，自己要成为什么样的人，并开始欣赏自己。但如果个体没有顺利度过这一阶段，他就会感觉到自己是充满矛盾和混乱的，不清楚自己究竟是一个什么样的人，也不清楚自己想要成为一个什么样的人。

第六阶段为成年早期。在这一阶段，个体面对的主要心理冲突是亲密与孤独。

如果个体能够顺利地对他人做出情感、道德和性的承诺，克制住自身的一些个人偏好，勇于承担责任，就会与他人形成亲密的良好关系。但如果个体无法对他人做出承诺，无法主动承担责任，就会体验到孤独的感觉。

第七阶段为成年中期。在这一阶段，个体面对的主要心理冲突是再生与自我关注。

如果个体在这一阶段能够把之前对伴侣的承诺扩展到整个家庭、后代以及社会，就会表现出关注家庭、后代和社会，并形成发展的再生力。但如果个体没有能够顺利度过这一阶段，就会出现过分的自我关注，并且缺乏未来的再生力，导致在未来的发展中出现停滞。

第八阶段为成年后期。在这一阶段，个体面对的主要心理冲突是完善感与绝望感。

如果在此前几个阶段，个体都顺利地解决了各阶段的主要危机，那么在这一阶段，个体将体验到完善感，他将对自己的一生感到满足。但如果在此前几个阶段，个体并没有顺利地解决各阶段的主要危机，那么在这一阶段，他将会感受到自己的无用，并体验到强烈的沮丧感。

以上就是埃里克森的八阶段人格发展理论。

在最后，我依然想重新强调一下在本篇开头所陈述的观点，那就是，测谎师应当明白，尽管测谎是一项还原事实的有效手段，但并非对于每一个案件而言，测谎都是最佳的还原事实的手段。

受贿：贪官的记忆

与对贪官的定罪量刑相比，测谎师更关心的是他们的记忆。

在贪污受贿案件中，很多人会有这样的疑问：他们收了那么多好处费和感谢费，每一笔他们自己都能记得清楚吗？

这对测谎师来说，是个很要命的问题。

要知道，如果连被测人自己都记不得了，那是不适合对其进行测谎的。

原因在于，测谎的基础是记忆痕迹的存在，如果记忆痕迹都不存在了，那么测谎的效果必将大打折扣。

我曾请教过一位权威的测谎专家：

“是不是数额越大的好处，这些官员记得越清楚？”

这位老师回答说：

“不一定。”

紧接着，这位老师给我举了一个例子。

一起受贿案，受贿人多年来一直身居某国企主要负责人的位置，其间多次收受好处，为行贿人谋求竞争优势。

当时的案件承办检察官找到测谎师，是要委托测谎师对受贿人进行测谎，进而帮助他们判断，其中的两笔好处费究竟是由谁行贿给受贿人的。

因为对于这两笔好处的行贿人是谁，受贿人一直守口如瓶。

第一笔好处，是行贿人将二十万元行贿款打入这名受贿人的情妇的银行账户，后被侦查人员通过细致的调查获取。但由于其中的情形较为复杂，所以仅凭所掌握的信息，办案人员并不能确认行贿人是谁。

第二笔好处，是受贿人家中的一套价值八万元的红木家具。侦查人员通过调查，确定该套家具是某位老板在陪受贿人到外地游玩时所买。但依据所掌握的信息，同样不能确认行贿人是谁。

于是测谎师分别针对这两笔好处的行贿人究竟是谁，对受贿人进行测试。

在对受贿人进行测谎之前，测谎师也需要跟案件承办人解释清楚一件事情。那就是，如果这名被测人心里清楚这几笔好处究竟是谁送给他的，那么通过测谎，自然可以发现真正的行贿人是谁。

但是，如果这名被测人自己也已经忘记了这几笔好处究竟是谁送给他的，那么即使进行测谎，也无法得到一个比较有意义的结果。

最后的测谎结果显示，对于二十万元的行贿款，受贿人确实已经记不清到底是谁给他的，但是对那套八万元的红木家具，受贿人却清楚地记得是哪位老板买给他的。

测谎结束后，测谎结论是相对清晰的。但测谎师依然想要弄明白，为何受贿人对于数额更大的二十万元行贿款记忆不清，却对数额相比较而言较小的价值八万元的红木家具，依然记忆犹新。

受贿人解释到，对于那二十万元，因为平时他收受的好处，很多是由其他人代收和代办，所以具体谁送的、送了多少钱，他并不是很清楚。但是那套红木家具，很合他的心意，所以就连当时在哪家店看到的、怎么挑的他都记得很清楚，是谁送给他的他自然也不会忘。

所以，单纯受贿数额的大小，并不能决定他记忆痕迹的清晰程度。更重要的是，还要看受贿内容对被测人个人意义的大小。

简言之，记忆内容所涉及的个人意义越大，记忆痕迹就越清晰，保持的时间也就越长。

其实，不只在贪污受贿案件中是如此，在其他类型的案件中亦是如此。所以，测谎师在做测谎的过程中，无论何时，都要努力站在被测人的角度去思考问题，去设计问题。

唯有如此，才能确保整个测谎产生最好的效果。

误区：自信不等于准确

当目击者向测谎师陈述他所目击到的某一段情节时，测谎师通常会接着对他询问：

“当时发生的事情，你看清楚了吗？”

有的目击者会表现出十足的信心，然后直截了当地回答测谎师：

“我当然能确定，我当时看得很清楚，不会记错的。”

也有的目击者则显得有些迟疑，他们会犹犹豫豫地告诉测谎师：

“我应该是看清楚了，但是我也不能很确定，因为当时的情况确实比较混乱。”

毫无疑问，那些表现出十足信心的目击者的证言，看起来自然是更加可靠和准确的。

毕竟，当测谎师面对目击者坚定的眼神和毫不迟疑的表述时，内心难免会对他的证言增加一份信任。

不仅仅对于测谎师来说是这样，对于办案人员来说，也是这样。

当一名与案件中各个当事人都没有利害关系的目击者，十分有把握地描述了案发时他所看到的情景，此时办案人员也会愿意去相信他的证言。

但遗憾的是，目击证人证词的准确度和目击证人的自信心之间，实际上并不存在直接的关联性。换句话说，证人提供的证词是否准确，与证人对自己证言的准确性是否有自信之间，并没有什么必然的联系。

这一点非常重要。

即使是信心十足的证人，仍然可能会提供错误的目击证言。

即使是对自己证言的准确性没有把握的证人，仍然可能会正确地描述事情发生时的真实情景。

举一个例子。

几名同事在家中组织聚会，本来是一件开心的事情，但在晚上九点多钟时，参加聚会的一名女子跑到楼上阳台处，从阳台上一跃而下。

参加聚会的其他人不禁大惊失色，赶忙叫了救护车。救护车在第一时间来到现场，但令人遗憾的是，这名女子还是因为抢救无效，最终死亡。

在办案人员进行调查的过程中，参加聚会的几个人称，跳楼女子那天晚上喝了不少酒，后来一个人去了三楼休息。再到后来，几个人准备回家时，发现跳楼女子还没有下来，于是就上楼找她，发现那名女子已经骑到了三楼阳台的护栏上，紧接着一下子栽了下去。

这么看来，在这起事件中，这名女子之所以跳楼，有可能是因为饮酒过多造成了意识不清，从而导致了悲剧的发生。

但在调查过程中，跳楼女子的一名朋友向办案人员讲述了这样一个重要的情节：聚会那天晚上，在喝酒的过程中，她发现那名女子不见了。她在一楼找了一圈，也没有找到那名女子。于是，她就走到楼上继续寻找。当她走到三楼的卧室门口时，看到那名组织聚会的男同事正把后来跳楼的那名女子按在床上，与那名女子正在发生性关系，而那名女子正在哭泣。

跳楼女子的朋友说，她叫了一声，那名男子往门口看了她一眼，做了一个威胁性的手势，之后走到了门前，把门反锁上了。

她胆子实在很小，就没敢再作声，一个人悄悄地又下了楼。

过了一段时间，那名组织聚会的男同事也走下楼来，与其他人继续喝酒。

又过了一阵子，由于始终不见那名女子下楼，于是聚会的几个人走到楼上寻找，这才看到跳楼女子已经在阳台处准备往下跳。几个人连忙呼喊，但为时已晚，那名女子已经爬上了护栏，一头从阳台栽了下去。

如果按照跳楼女子的朋友的陈述，那么跳楼女子在做出跳楼行为之前，很可能是遭到了强奸。

如果该女子在做出跳楼行为之前，确实遭到了强奸，那么之前的遭到强奸与之后的跳楼行为之间，是否存在关系？

跳楼女子已经死亡，而该女子朋友所指认的那名实施强奸的男子又坚称，自己那晚从未对该女子实施过强奸行为。

鉴于此，案件承办人委托测谎师帮助判断该名男子陈述的真实性，从而明确当晚该名男子是否实施过强奸行为。而在查阅案件材料的过程中，测谎师意外地发现，在一个重要的细节上，几名证人的陈述存在差别。

这个细节就是，有一名证人陈述：

“当晚跳楼女子摔在地上时，下身好像是只穿着一条内裤，并没有穿裤子。”

如果事实真的是这样，那么跳楼女子在跳楼前曾经遭到了强奸的可能性，将会提高许多。

但也有的证人陈述：

“当晚跳楼女子摔在地上时，下身是穿着一条黑色裤子的。”

跳楼女子当时究竟下身有没有穿衣服，几名证人竟然会出现几种不同的陈述。

为了明确事实究竟是怎么样的，测谎师向案发当晚第一时间赶到现场的一名急救人员进行了核实。

问：那天晚上，是你们去现场抢救的吗？

答：是的。

问：你见到那个跳楼的女子的时候，她下身有没有穿衣服？

答：穿了。

问：穿的什么衣服？

答：一条红色的裙子。

问：红色的裙子？

答：对。

问：你能确定吗？

答：我能确定，就是红色的裙子。下身是一条红裙子，然后上身是一件黑色的T恤衫。

……

这位急救人员十分有把握地告知测谎师：当晚，这名跳楼女子从阳台坠下时，穿的是一条红色的裙子。

对于这位急救人员，似乎没有任何理由去怀疑他。

第一，他是一名完全中立的第三人，没有任何动机去隐瞒事实或是编造事实。

第二，他对这个情节的记忆十分清晰，他本人对这段记忆也很有信心。

但事后证明，这位急救人员的证言，却是错误的。

后来，办案人员成功地获取了案发现场附近的一处监控录像。通过监控录像来看：跳楼女子躺在地面上时，下身是穿了一条深色的裤子。

换句话说，这位急救人员的记忆，应当是出错了。

但这个生动的例子，也再一次证明了这一点：证人的信心和证人证言的准确性之间，并没有必然的联系。

第四章

不遗巨细：测谎之保障

测前谈话：成功测谎的保障

被测人走进测谎室，坐在测谎椅上，测谎师并不会直接对被测人开始正式的测谎。

相反，在正式开始测谎之前，测谎师会花费相当长的一段时间，与被测人针对案情进行系统的梳理。

这一阶段，在测谎领域被称为测前谈话阶段，也是每一次测谎所不可或缺的阶段。

一次测前谈话，依据案情的复杂程度、被测人的自身情况、需要核实的问题性质，谈话的时间甚至可以长达几个小时。

在实践当中，出于对测谎持续时间因素、被测人精力因素的考虑，有的测谎师会选择简化测前谈话阶段的内容。但这样做，必然会对下一步的正式测谎产生极为不利的影响。

在与测谎师见面之前，被测人可能已经向其他人陈述过事情的经过，并且也很可能已经形成了书面的陈述笔录。

而测谎师在对被测人进行测谎之前，为了能够全面透彻地了解整个事情的来龙去脉，也会认真翻阅被测人已经形成的这些书面陈述的笔录。

但即便如此，在对被测人进行测谎的过程中，测谎师也必须让被测人重新梳理一下事情的来龙去脉，明确被测人当下对这件事情是如何进行陈述的。

所以，在测前谈话阶段，测谎师总是会这样告知被测人：

“接下来，我需要听你给我重新讲一下这件事情的经过。也许你在今天之前，已经在其他地方，或者跟其他人陈述过这件事情的具体经过，但我现在还是想要听你说，你今天在这里是怎么陈述这件事情的经过。原因也很简单，不管你在见到我之前是怎么描述这件事情的，但是今天的测谎，我问你的所有问题的依据，是你此时此刻的陈述。所以，不管你之前是怎么陈述的，我都将以你现在对我所说的为准，来进行我们今天的测谎。”

许多测谎实战专家都曾经提到过：好的测前谈话，是成功测谎的必要前提和基础。

那么，为什么测前谈话对于测谎来说，如此重要？

这要从测前谈话的三个重要作用说起。

测前谈话的第一个作用在于，唤醒诚实者的情景记忆，增强说谎者的内心冲突。

一起交通肇事案件，发生时间是在晚上十点钟左右，当时天还下着雨。一名女子开车经过一条小路时，撞倒了一名下班回家的年轻女子，后年轻女子经抢救无效死亡。

肇事女子陈述，自己开车过程中因为路面反光，没有看清走在道路旁的被害人，从而导致了悲剧的发生。

但是办案人员在对事情做了进一步的调查后，产生了怀疑。

原来事故发生时，与这名女子一同乘车的还有一名男子。男子称，事故发生时，自己坐在副驾驶的位置上，因为傍晚时在别人家中喝了酒，所以自己没有开车，而是让同行女子开车送其回家。

办案人员通过进一步调取其他方面的证据，怀疑也逐渐加深：会不会这是一起顶包犯罪，同行女子会不会是替酒后驾车并造成事故的男子顶罪？

于是，办案人员委托我们对这起事故中的男子和肇事女司机分别进行测谎，以帮助判断在事故发生时，究竟是谁在开车。

以下为我们与这名男子在测前谈话阶段的部分对话。

测谎师：那天，你喝了多少酒？

被测人：不多，不到半斤吧。

测谎师：不到半斤，那你当时的意识还清醒吗？

被测人：清醒，我平时一斤的量。

测谎师：嗯。这样，你跟我详细说说那天的事情吧。

被测人：好的。那天下着雨，雨挺大的，我本来是不想让她开车的，但是我喝酒了，没办法，我就让她开，我坐在副驾驶座位上。开了有二十分钟左右吧，到了右拐的那条小路，两边没有路灯，视线特别不好，我就让她慢点开。然后突然就听到她大叫了一声，与此同时就感觉到车子撞到什么东西，很大的“嘭”的一声。我赶忙问她怎么了，她说可能是撞人了，然后她就呆在那里了，好像不能动弹了。我一看她那样了，我就推开车门下车去看看情况，就看离车几米远的地方倒着个人，不远处还有把雨伞，我当时第一反应就是，这人应该是打着雨伞，看不到有车开过来，所以就没躲开。我就跑过去一边喊，一边摇晃倒在地上的那个人，但是那个人没反应了。我当时也吓坏了，我就跟她喊，抓紧叫救护车。但是她就那么坐在车里，一点反应也没有，好像完全懵了。我一看又急又气，就又跑回车上，打了急救电话，报了警，很快就来人了。

测谎师：嗯。事情发生的时候，是谁在开车？

被测人：她在开车。

测谎师：事情发生的时候，你在做什么？

被测人：我当时在副驾驶座位上。

测谎师：具体在做什么？

被测人：应该是在玩手机。

测谎师：当时在玩什么？

被测人：忘了，其实就是随便翻翻。

测谎师：撞人之后，她是什么反应？

被测人：她就趴在方向盘上，不动弹。

测谎师：她下车了吗？

被测人：没有，她一直都在车上。

测谎师：出事当时，你是什么反应？

被测人：我就下车看了看那个人的情况，就打电话叫救护车。

测谎师：你打电话是先叫的救护车吗？

被测人：应该是的，但也有可能是先给我嫂子打了个电话，然后才叫的救护车。

测谎师：为什么先给你的嫂子打电话？

被测人：当时我也慌成一团了，我手机通讯录里的最近通话，第一个就是我嫂子，我就先给我嫂子拨过去了。

测谎师：嗯，那么你跟你嫂子在电话里都说什么了？

被测人：我就说我们这边撞人了，我嫂子问我是不是我撞的，我说不是我开车撞的，是其他人开车撞的，但是车是我的车。我嫂子让我别着急，她和我哥马上就过来。

测谎师：还跟她说过别的吗？

被测人：没有了。

测谎师：还给其他人打过电话吗？

被测人：没了。

测谎师：然后呢？

被测人：然后我们俩就在车上等救护车。

测谎师：从事情发生到救护车和警察赶过来，中间过了多长时间？

被测人：也就二十分钟吧。

测谎师：这二十分钟里，你们一直都在车上吗？

被测人：是的。

测谎师：这二十分钟里，你们都干什么了？

被测人：什么也没干，就是在车上坐着。

测谎师：这二十分钟里，你和她有过对话吗？

被测人：没有。

测谎师：你嘱咐过她要怎么跟警察讲吗？

被测人：没有。

测谎师：她当时是什么状态？

被测人：她当时已经吓傻了，一个劲儿在那儿哭，我就安慰了她几句，别的没说什么。

……

之后，对这名被测人的测谎结果显示，该名被测人的陈述是真实的，即案发当时，确实是那名女司机在开车，他并没有开车。

换句话说，这起事件中，并不存在顶包犯罪。

在这次测谎中，通过细致的测前谈话，测谎师帮助诚实的被测人再次完整地回忆起事情发生当时的具体情形，唤醒了被测人的情景记忆，从而帮助他顺利地通过了测谎。

但对于说谎的被测人来说，测谎师在正式测谎开始前，与其进行案情的细致梳理，则会产生另一种完全不同的效果。

在本书的前面部分，我曾经举过一个有关“幽灵抗辩”的测谎例子。

在那个例子中，被测人坚称，自己与女朋友在约会期间遇到了几个流氓，这几个流氓用刀扎了自己的女朋友。

以下是测前谈话阶段，测谎师与被测人的部分对话。

测谎师：对方一共有几个人？

被测人：三个人。

测谎师：你看清楚了，对吧？

被测人：是。

测谎师：这三个人是一块儿过来的吗？

被测人：应该不是，先过来了一个，后过来了两个。

测谎师：嗯。你与这三人有过言语上的对话吗？

被测人：有过一两句言语上的对话，还有一些是他们骂骂咧咧的话。

测谎师：嗯。那这三个人，是什么口音？

被测人：反正不是本地口音。

测谎师：他们当时手里拿家伙了吗？

被测人：拿了。

测谎师：你看到几个人手上拿了家伙？

被测人：第一个男的手上没拿家伙，后面两个人手上都拿着家伙。

测谎师：拿了什么样的家伙？

被测人：刀吧……

测谎师：什么样的刀？

被测人：就是……普通的那种二十公分的刀。

测谎师：刀把的颜色能记清吗？

被测人：记不清了。

测谎师：嗯，你把从他们过来以后发生的事情，详细跟我说说。

被测人：最先过来的是一个小个子的男的。他说了一些调戏我女朋友的话。然后我用手使劲推了他一下，他用手一挡。然后后面那两个人也过来了，一个人冲着我走了过来，另一个人冲我女朋友走了过去。然后我就被那两个男的打翻在地，那个小个子男的就按住我，另一个人就踹我。我就使劲想挣脱出来，但是没能成功。

测谎师：嗯，你接着说。

被测人：然后这个时候，我女朋友叫了一声，我和那几个人也愣了，往我女朋友那儿看，她已经倒在地上了。我还没弄明白发生了什么事情，那几个男的一溜烟儿地跑了。

测谎师：如果再见到他们，你能辨认出来吗？

被测人：当时光线不好，我没看清他们长什么样子。

测谎师：你说光线不好，那么在光线不好的情况下，你看清楚他们带刀了？

被测人：其实……其实很模糊，没有看清楚。

测谎师：那你是怎么知道他们带着刀的？

被测人：让我想一下……应该是我后来发现胳膊流血了，才想到他们应该是拿刀划的。

测谎师：那你看到那几个男的拿刀扎你女朋友了吗？

被测人：我没看到……不对，我当时在地上趴着，好像看到他有一个捅的动作。

测谎师：这么说，你女朋友被捅伤时，你当时在地上趴着，是吗？

被测人：我想想，是的。

测谎师：那么从他们几个过来，到他们离开，中间大约有多长时间？

被测人：也就两三分钟吧。

……

对于说谎的被测人来说，在测前阶段，测谎师与其就案发当时的情形进行系统的梳理，会极大地增加他的认知负荷。他需要仔细思考和分析，以确保所捏造的事实不出现纰漏，同时避免所虚构的情节之间出现矛盾。

更为重要的一点在于，由于真正的事实和说谎者所陈述的并不一样，所以在与测谎师梳理案情的过程中，说谎者也会因为说谎而体会到强烈的内心冲突，这种认知冲突也将进一步诱发焦虑、内疚和恐惧等情绪。

而认知方面的冲突叠加情绪方面的诱发，也会使说谎者生理指标的变化更为清晰地展现在测谎师面前。

测前谈话的第二个作用在于，有时候被测人在先前的陈述中，会遗漏一些重要情节的陈述，或者对一些重要情节的陈述表述得并不清楚。

测谎师需要通过测前阶段与被测人面对面的谈话，向被测人核实其在之前的陈述中并没有表述清楚的关键情节，以确保测谎的题目设置不会出现问题。

事实上，在测谎实践中，测前阶段的谈话有时会让测谎师获得许多预料之外的信息。

举个例子。

一起案件中，被害人是一名工地上的建筑工人。案发当天，被害人拿到了自己几个月的工资，一共有一万多块钱。于是，被害人将这一万多块钱现金放在了床头的一个柜子里。

当天晚上，嫌疑人来找被害人喝酒，两人一直喝到深夜，后来被害人不胜酒力，睡了过去，嫌疑人随后也离开了被害人宿舍。

第二天早晨，被害人醒来后查看床头柜，发现柜子里的一万多块钱不翼而飞，这才反应过来一定是嫌疑人事先得知工人发工资，故意来找自己喝酒，在昨晚趁自己喝醉之际，偷走了自己的钱。但嫌疑人到案后，称这并非自己所为，自己昨晚也喝多了，根本就没见过被害人那一万多块钱现金。

同时，嫌疑人提出，被害人的口碑一贯不好，周围的人都知道，其他工友也不愿意搭理他。嫌疑人认为，之前被害人就干过诬陷别人的丑事，这次也很有可能是故意诬陷自己，想从自己这里讹诈钱财。

案件承办人于是将案件委托给测谎师，希望通过测谎来帮助判断，这一万多块钱究竟是被嫌疑人据为己有，还是存在其他可能。

测谎师在接受案件委托后，决定首先对被害人进行测谎，先核实其是否确实丢失了一万多元现金。

但在测前谈话阶段，测谎师与被害人就那天发生的事情进行梳理，却意外地得知了另一个重要的案件信息。

测谎师：你把钱拿回宿舍后，放在什么位置了，还能记得吗？

被害人：放在床头的那个柜子里了。

测谎师：嗯，柜子一共几层？

被害人：三层。

测谎师：你把钱放在哪一层了？

被害人：最下面那一层。

测谎师：柜子上有锁吗？

被害人：没有。

测谎师：后来你又动过那钱吗？

被害人：没动过。

测谎师：你把钱放在柜子里，有跟其他人讲过吗？

被害人：没有跟其他人讲过。

测谎师：好的。你们那晚喝酒，都有谁一起？

被害人：就我和他（嫌疑人）两个人。

测谎师：是谁主动提出来的？

被害人：是他提出来的。

测谎师：是谁提议来你宿舍喝酒的？

被害人：也是他提议的。

测谎师：他去你宿舍之前，钱还在吗？

被害人：还在。

测谎师：能确定吗？

被害人：能确定。因为他来之前，我为了确保钱的安全，还在柜子里放了一件衣服压在那些钱上面。当时钱还在的。

测谎师：嗯。他是什么时间去找你喝酒的？

被害人：晚上八点多吧。

测谎师：你们喝到了什么时候？

被害人：我记不清楚了，喝多了。

测谎师：也就是说，你也不知道钱是什么时候被他拿走的，是吧？

受害人：是。

测谎师：那天晚上，宿舍里除了你们两个人，还有其他人进来吗？

被害人：没有了，所以我敢肯定，就是他偷走的。

测谎师：好的，也就是说，当天除了嫌疑人，没有其他人进过你的宿舍了，对吗？

被害人：是……不过那天下午我上工的时候，我媳妇来我宿舍给我送衣服来着。

测谎师：你说你媳妇那天也来过你宿舍？

被害人：嗯对。

测谎师：之前询问你时，为什么没有提到，你媳妇那天也去过你的宿舍？

被害人：她又不是其他人，是我媳妇，也不可能偷我的钱啊，所以我之前也就没说这件事。

测谎师：那我现在跟你核实一次，那天除了嫌疑人和你媳妇，没有其他人进过你的宿舍，对吗？

被害人：对。

……

在上述测前谈话过程中，测谎师通过向被测人进行细致的询问，发现案发当天，除嫌疑人之外，被测人的妻子也曾到过案发现场，因此也就不能完全排除，存在被测人的妻子拿走了那一万多块钱的可能性。

鉴于此，测谎师也就需要跟着改变原有的测谎思路。

而这一重要的情节，在被测人之前的多次陈述中，从来没有被提及。

事实上，这样的情况并不在少数。许多情况下，被测人可能会出于自身的想当然，省略了对部分情节的叙述。或者，是由于之前的询问并未涉及事情的部分情节，因此被测人也并没有针对这部分情节，进行详细陈述。

但有时，这些被省略或者被忽略的情节，恰恰是非常关键和重要的信息。测谎师在测前阶段与被测人就这些关键情节进行进一步的核实，以确保整个测谎思路的周全，这也是测前谈话的重要意义之一。

测前谈话的第三个作用在于，有的被测人在测谎师面前，由于感受到了极大的心理压力，所以可能会改变原来的一些陈述，甚至会如实交代事情真相。

此时，测谎师应依据被测人改变后的陈述，及时调整测谎思路，修改测谎题目，重新进行测谎。

一家游戏公司的后台维护人员，在一次常规检查中发现，公司某款网络游戏的后台被人修改过。修改人修改了游戏后台的数据，之后通过参与某游戏的方式，赚取了大量的游戏豆，并转手将赚到的游戏豆卖给其他玩家，从中赚取了大量钱财。

经过排查，发现该公司一名已经离职的工程师有重大嫌疑。但该名工程师坚称，自己从未采用过这种非法方式赚取过收入。

由于信息网络犯罪的特殊性，案件承办人对于该工程师是否实施了非法修改后台数据、赚取钱财的行为，内心也有疑问，于是委托我们对这名工程师进行测谎。

以下为我们与被测人在测前谈话阶段的部分谈话内容。

测谎师：刚才我们把这件事情一起梳理了一遍，你所说的我都听明白了。那么，你对我说的都是实话吗？

被测人：我说的都是实话。

测谎师：好的。那么，我就以你刚才所说的为准，来进行我们今天正式的测谎。接下来，我会把你刚才跟我所讲的事情编成一个个问题，然后对你发问，通过测谎仪的记录，来核实你所说的是不是真的。我希望你能通过测谎仪的检验，因为我希望你对我说的都是实话。

被测人：……

测谎师：好，接下来我们就准备开始正式的测谎。一会儿我会问你，“你说你没用不正当的方式弄过游戏豆，是撒谎吗”，你只需要如实回答“是”或“不是”，就可以了。你还有什么要补充的吗？

被测人：有……我想说，我其实用这种方法……弄过一些游戏豆。

测谎师：如果是这样的话，那我之前编制好的问题，可能现在就需要进行修改了。那么，你说用这种方法弄过一些游戏豆，是什么时候的事情？

被测人：……2016 年，2016 年年初的时候吧。

测谎师：嗯，就那一次吗？

被测人：嗯。

测谎师：你可以确定吗？

被测人：可以。

测谎师：好，那一次弄了多少游戏豆？

被测人：好像就几百万的游戏豆吧。

测谎师：除了这几百万的游戏豆，你还用不正当的方式弄过其他游戏豆吗？

被测人：没有了。

测谎师：能确定吗？

被测人：能。

测谎师：好的，那接下来我就把问题修改一下，我会问你“除了那几百万的游戏豆，你还用不正当的方式弄过其他游戏豆吗”，我这样问你，可以吗？

被测人：可以……

……

在上面的测前谈话中，被测人面对测谎师，在正式测谎之前改变了之前陈述中的一些内容，测谎师此时应该依据被测人在测前谈话阶段的新陈述，重新编制测谎题目，以确保对被测人的测谎更具有针对性。

在这一部分，我列举了测前谈话的几个重要作用，但测前谈话的作用绝不仅限于此。测谎师应当对测前谈话给予充分的关注，从而为接下来正式的测谎打下一个坚实的基础。

问题设计：被测人的语言

一次，我的一位老师把一沓纸拍到了我眼前，问道："怎么还犯这种错误？"

我定睛一看，那是我刚刚编制好的测谎题目。

一位大妈退休后独自在家，没有经得起嫌疑人编造的"高息回报"的诱惑，把辛苦积攒下来的二十万元养老钱交给了嫌疑人帮自己"打理"，并与嫌疑人签订了一份委托理财合同。

而在把钱交给嫌疑人后不久，这位大妈就再也联系不上嫌疑人，于是报了警。

警察很快在三亚抓获了嫌疑人，被抓时嫌疑人正玩得不亦乐乎。

再一讯问，这位大妈的二十万元养老钱，早已被嫌疑人挥霍一空。

人虽抓到了，但这位大妈却始终没有找到那份委托理财合同。

而另一方面，嫌疑人也辩称，自己根本没有跟大妈签过什么委托理财合同，是这位大妈诬陷他。

于是案件承办人找到了我们，希望我们通过测谎帮助他们判断：本案的两名当事人是否签订过一份委托理财合同。

我看了许久，并没有察觉编制的题目出了什么问题。

老师用手敲了敲那沓纸的第一页，我顺着他所指的地方看过去。纸上写着：

“你说你与 ×××（嫌疑人）签订过一份委托理财合同，是说谎吗？”

这是很平常的一道测试题，我并没有瞧出什么问题，于是我们有了下面的对话。

老师：哪里出问题了，看出来了吗？

我：没有。

老师：你打算对谁测谎时，用这道题目？

我：对被害人。

老师：被害人是谁？

我：那个大妈。

老师：被害人是什么文化水平？

我：（翻了一下案卷材料）小学读了两年。

老师：在她之前的陈述中，曾经亲口说过，她跟嫌疑人签订过一份委托理财合同这样的话吗？

我：是的。

老师：你确定吗？

我：确定，她一直都是这么说的。

老师：你去，把这个案子的卷宗材料抱回去找，看看她什么时候说过这句话，找到了拿过来给我看。

我：好的，我现在就去找。

……

一边揣摩着老师的心思，我一边翻阅着卷宗进行查找。而就在查阅卷宗的过程中，我终于领悟到了老师的意思。

因为，我始终没有在卷宗中找到这句话。

换句话说，这位大妈从来没有讲过这句话。她确实表达过这样的意思，但她的原话却是这样的：

“他为了让我放心，还给我拉了个条子。”

被害人自始至终从未说过“签订过一份委托理财合同”，而是说“拉了个条子”。

也许在读者的眼里，被害人所表述的“拉了个条子”的意思，其实就是“签订过一份委托理财合同”，无论选择哪种表述，其意义都是一样的。

但在测谎师看来，这两种表述尽管意义相同，但在对被测人进行正式发问时，却不能相互替换进行使用。

测谎师应当站在被测人的角度编制测谎题目。更重要的是，要用被测人的语言编制测谎题目，而不应该站在自己的角度，用自己的语言编制题目。

其原因在于，在整个测谎过程中，测谎师实际上是通过“言语”的形式对被测人施加心理刺激，诱发被测人的生理指标出现变化。

我们都知道，一句同样意义的“言语”，可以通过成千上万种形式进行表达。而在正式的测谎这样一个极其精细的过程中，测谎师所提问题的表述，如果出现任何一点细微的变动，都可能会造成被测人生理指标出现明显的变化。

也正因如此，为了减少不恰当的言语表述形式给测谎带来的误差，测谎师需要选择被测人最为熟悉、最能够接受的表述方式，来进行问题的编制。

具体到本案，被害人本身文化水平并不高。在这种情况下，测谎师尤其要注意，她本人对本案关键情节是如何进行表述的。

本案的被害人能理解什么是“拉了个条子”，却不一定能理解什么是“签订过一份委托理财合同”。如果测谎师所编制的问题，偏偏要问她“有没有与嫌疑人签订过一份委托理财合同”，那么这不是被害人自己的表述方式，而是测谎师强加给她的表述方式，是测谎师自己的表述方式。此时，被害人需要首先对这个问题进行重新理解，重新进行一次认知。而这必将会对被测人

 生理指标的反应，产生微妙的影响。

尽量按照被测人的表述方式，进行测谎问题的编制，是测谎工作中的一项重要原则，也是测谎师消除测试误差的一种有效手段。

在我后来参与办理的另一起测谎案件中，也遇到了类似的情况。

这是一起故意伤害的案件，同样是对被害人进行测谎。

以下，是我与被测人在测前谈话阶段的对话。

我：你当时是怎么受伤的，还能记清楚吗？

被测人：能。

我：详细跟我讲一下。

被测人：当时他先是用拳头打我，我就往后躲，他就使劲踹了我一脚，我一下子就摔倒在地上了。我肯定是那时候受的伤，我记得很清楚。

我：当时哪里受伤了，你还记得清楚吗？

被测人：记得清楚。

我：受伤后，你去医院看过吗？

被测人：看过。

我：医院的诊断书，你看过吗？

被测人：看过看过。

我：诊断书上怎么说的？

被测人：骨头断了。

我：哪里的骨头断了？

被测人：这个我真的记不清楚了，因为那个字我也不知道读什么……

被测人口中所说的那个不会读的字，其实是“骶骨”的“骶”。

骶骨，是人体脊椎骨的组成部分，上与第五腰椎相连，下与尾骨相连。受害人被嫌疑人一脚踹倒在地，从而造成了骶骨的骨折。

但这个“骶骨骨折”显然并不是被测人自己的语言和表达方式，所以测谎师还需要了解一下，被测人自己的表达方式到底是什么。

我：大夫给你解释过你受伤的位置吗？

被测人：解释过。

我：是哪个位置，你给我比画一下。

（被测人站起身，比画了一下受伤的位置）

我：这个位置，你平时怎么称呼它？

被测人：这个位置……我也不知道它叫啥呀。

我：没关系，你只要告诉我，你自己怎么称呼它就可以了。

被测人：哦，我平时就说这个位置是我的屁股根儿，我屁股根儿伤着了。

我：好的。那么，一会儿我在正式对你进行测试的时候，会这样问你："你说，你屁股根儿受伤，是那个男的造成的，是假话吗？"如果我这么问你，你能比较容易地理解我想要表达的意思吗？

被测人：没有问题，我自己也是这么说的。

我：好的。

……

通过正式测谎前的这段谈话，测谎师明确了"骶骨"这个词在被测人的表达体系中，实际上应当为"屁股根儿"，所以及时将所要发问的测谎问题进行了修改，使之更加符合被测人的日常表达方式，从而谨慎地避免了因为言语表达方式不同而造成测谎结果出现误差。

相反，如果测谎师没有及时地依照被测人的表达方式，对测谎的问题进行修改，而是依然坚持之前的表述方式询问被测人：

"你说，你骶骨受伤，是那个男的造成的，是假话吗？"

那么，不可避免地，将造成许多不必要的测量误差的出现。

测谎，真的是一个极其精细的过程。

被害人：重新核实的必要性

测谎师在准备测谎的过程中，会认真查阅所有的案件材料，分析在这件事情当中，各个当事人都是怎么来陈述的。

很多时候，被害人在接受测谎之前，已经做过多次的陈述，测谎师也默认了被害人所陈述内容的准确性。

这在盗窃、抢劫等类型的犯罪中，尤为如此。

但是，测谎师在测谎过程中所使用的每一条案件信息，都必须确保准确性。否则，就有可能造成测谎师在分析测谎结果时，出现错误。

鉴于此，在进行测谎的准备工作的过程中，测谎师在客观条件允许的情况下，应当尽量与被害人对案件中的一些关键情节和信息进行再次核实，以确保整个测谎过程中所使用的案件信息，都是准确的。

一名女子在下夜班途中被一名歹徒截住，歹徒要抢该女子的财物。该女子见状，立刻向歹徒表示，自己愿意把身上所有的财物都给他，求他不要伤害自己。最后，该女子把随身财物都交给了歹徒，歹徒逃离了现场。

该名女子随后报案，向办案人员描述了事情发生的经过、那名歹徒的外貌特征和自己被抢的财物。办案人员顺藤摸瓜，抓获了犯罪嫌疑人。

为明确该嫌疑人是否为真正的作案人，案件承办人委托测谎师对这名嫌疑人进行测谎。

通过被害人之前向办案人员的描述，测谎师最终决定，依据作案时间（晚上十点半左右）、作案地点（××广场）、作案工具（该名女子提到，歹徒在拦住其进行抢劫时，手里拿着一把刀）以及被抢财物（该名女子提到，钱包里装着她的一枚钻戒，还有一千多元的现金和几张银行卡）等几个案件隐蔽性信息，来编制测谎思路。通过检测被测人是否对这些案件的隐蔽性信息知情，进一步帮助判断被测人是否为真正的作案人。

但如果要使用这些案件的隐蔽性信息进行测谎，测谎师必须首先确认一点，那就是，这些案件的隐蔽性信息必须是准确的。

如果这些案件的隐蔽性信息本身就是错误的，那么在此基础上所进行的测谎，只能是错上加错。

正因如此，在正式测试前，测谎师有必要与事件当中的被害人进行沟通，以进一步确认，测谎中将要被使用的案件隐蔽性信息是否为准确的，从而保证整个测谎大方向的正确。

以下为测谎师向被害人进行核实的部分对话。

测谎师：我接下来跟你沟通的几个问题，对于认定真正的作案人来说很重要，所以请你仔细地回忆，然后给我确定的回答。如果你记不清楚了，也要及时告诉我，你明白吗？

被害人：明白。

测谎师：那天晚上，是什么时候出的事？

被害人：应该是在十一点钟左右吧。

测谎师：你是怎么确定的？

被害人：因为我从单位坐电梯下楼的时候看了一眼手机，是十点五十分。所以出事的时间应该是在十一点钟那会儿。

测谎师：你是在哪里被他拦住的？

被害人：就在 ×× 广场那儿，快到出口的那个位置，突然就出事了。

测谎师：嗯。你看清楚他的特征了吗？

被害人：感觉有……一米七左右的个头吧，偏瘦，戴个帽子，穿的衣服是深色的，其他的我没看清。

测谎师：他手里拿东西了吗？

被害人：拿东西了。

测谎师：拿了什么？

被害人：我没看清。

测谎师：你确定没看清吗？（被害人之前向办案人员提过，歹徒当时手里拿了一把刀）

被害人：……之前做笔录的时候，我说他当时拿了一把刀。但是事后我又仔细想了一下，我其实并没有亲眼看到他手里拿着的是刀，只是看到他手里拿着个东西。嗯，但是我并不能确定那一定就是刀。

测谎师：后来呢？

被害人：我就求他，说别伤害我，我把财物都给他。然后我就把我的钱包和手机都给了他。

测谎师：你钱包里都有什么东西？

被害人：有现金和银行卡。

测谎师：还有其他的吗？

被害人：没有了。

测谎师：我注意到，你之前的陈述中提到了钱包里还有一枚钻戒。

被害人：是，是。但是现在这个我也不敢确定了，这事儿还是我丈夫提醒的我……我的这枚戒指平时是放在钱包里的，但是我丈夫提醒我说，被抢的前一天晚上，我参加一个聚会回来时，他好像是看见我在摘戒指的时候，顺手把戒指放在了其他地方，没放回钱包里，我对这事儿好像也有点印象。现在这个戒指也还没有找到，不过我不能确定，是被放在其他地方找不到了，还是说戒指放在钱包里，然后被那天的歹徒抢走了。

测谎师：好的。

……

从上面这部分对话中可以看出，测谎师通过与被害人的谈话，及时发现了两个案件隐蔽性信息的准确性可能存在问题。

一是，作案人在实施抢劫时是否持刀。

被害人在之前的陈述中提到，自己看清楚歹徒当时手中持刀。但后来，被害人向测谎师表示，自己实际上只是看到了歹徒手里拿着东西，也不确定那究竟是不是刀。

二是，钱包里是否有一枚戒指。

被害人在先前的陈述中称，歹徒抢走了自己的钱包，而自己的钱包里放着一枚戒指。但后来，被害人在与测谎师的谈话过程中也坦言，自己也不确定那枚戒指是被放回到钱包中，然后被歹徒抢走了，还是根本就没有被放回到钱包中。

如果测谎师完全依靠被害人之前陈述的内容设置测谎题目，而没有亲自与被害人就案件隐蔽性信息再次进行核实，那么在对嫌疑人的测谎中，就有可能出现错误。

试想，如果这名嫌疑人确实就是真正的作案人，但案发当晚他并没有持刀实施抢劫，他所抢到的钱包里也并没有钻戒，但测谎师却继续将这两个案件隐蔽性信息编制成问题并进行测谎，那么，将极有可能出现测谎中的“假阴性错误”。

在这里稍作解释。所谓“假阴性错误”，在测谎领域，指的就是真正有罪的人被错误地认定为无辜。

而与“假阴性错误”相对应的，就是“假阳性错误”。在测谎领域，“假阳性错误”就是指无辜的人被错误地认定为有罪。

在上面这个例子中，被害人是出于记忆上的原因，在测谎师的询问下，开始认真地思考，自己的记忆中究竟哪些情节是清晰的，哪些情节是模糊的，从而改变了自己之前的陈述。

但是，在真正的测谎实践中，被害人在测谎师面前改变了之前的陈述，有时并非单纯由于记忆上的原因，还可能会涉及被害人在其他方面的顾虑。

这也是从事一线测谎工作的测谎师经常会遇到的情况。

举个例子。

一起强奸案，被害人是一名KTV的陪唱女子。嫌疑人与朋友在KTV包间内唱歌，并请了被害人和另一名女子陪唱。其间，几人均喝了酒。

按照被害人的陈述，在KTV唱了一段时间后，嫌疑人和被害人都喝了不少酒，被害人的意识也开始有些模糊。嫌疑人凑近被害人，提出让被害人跟他去一趟洗手间。被害人问嫌疑人为什么要去洗手间，嫌疑人说想要再续点陪唱时间，想跟被害人商量一下价钱。于是被害人就跟着嫌疑人去了包间内的洗手间。两人走进洗手间后，嫌疑人反手将门从里面锁上，对被害人实施了强奸。

而嫌疑人则对于强奸行为始终予以否认。嫌疑人称，是被害人主动提出想跟自己去洗手间谈谈，并在洗手间内主动提出，如果多给一千块钱，就可以跟自己发生关系。

为了帮助判断双方陈述的真实性，案件承办人委托测谎师对本案进行测谎。

测谎师在查阅了案件的相关材料后，编制了一整套测谎题目。在这套题目中，有这样一道题目：

“去洗手间，是谁提出来的？”

这也是被害人和嫌疑人陈述的重要分歧点之一。

以下为测谎师与被害人核实当时情形的部分对话。

测谎师：那天晚上在KTV的事情，还记得清楚吧？

被害人：嗯，记得清楚。

测谎师：那天晚上，是谁提出来去洗手间的？

被害人：……我之前说的不对。

测谎师：那么你现在请对我实话实说，好吗？

被害人：嗯。

测谎师：那天晚上在KTV，到底是谁提出来去洗手间的？

受害人：是我。

测谎师：你为什么跟嫌疑人提出来要去洗手间？

被害人：因为他们已经超时了，既不说怎么加钱，也不让我俩走，我就着急了，所以就跟他提出来去包间的洗手间谈谈。

测谎师：为什么要选择去洗手间谈？

被害人：当时也没想那么多，觉得那里能声音小一些。

测谎师：嗯，我听明白了，那你为什么之前说，是他提出来去洗手间的呢？

被害人：我怕说我提出来的话，你们会觉得是我拉他过去的，你们会觉得……嗯，就不会相信我了。但是，去谈谈是我提出来的，可是他确实强奸了我。

测谎师：你的顾虑我也听明白了，那么不论你之前是如何陈述的，现在我再跟你确认一下，当时你们两个是谁提议去的洗手间？

受害人：是我。

测谎师：你跟他提过多给钱就可以发生关系的事情吗？

被害人：没有。

测谎师：那你的裙子是你自己脱的吗？

被害人：不是。

测谎师：你还有其他需要跟我补充或者修正的地方吗？

被害人：没有了。

测谎师：好的。

……

至于嫌疑人是否强奸了被害人，那是需要通过正式测谎来进行核实的。但测谎师与被害人的这段交流中，被害人在关于“去洗手间谈谈，是谁提出来的”这个问题上，改变了之前的陈述，并向测谎师解释之所以先前说是嫌

 疑人提出的，是因为自己内心存在顾虑。

这也帮助测谎师修正了测谎题目，转换了测谎思路，避免对测谎结果出现误判。

误判：一副白手套

作为测谎师，在准备测谎的过程中，千万不能将案件事实想得过于简单。否则，测谎就可能会得出错误的结论。

举个例子。

某小区的一户人家在白天进了贼。这个小区的治安一直很好，这种大白天入室盗窃的情况，之前也很少发生。

这天傍晚，一名中年男子匆匆忙忙地跑到派出所，称自己是小区业主，当天一早出门上班，等傍晚下班回到家一看，吓了一大跳，防盗门上的锁整个被人撬掉了。他马上推开门进去，发现屋里一片狼藉。

他反应过来，这是家里进贼了。于是他跑到派出所报了案。

小偷的作案时间，并不能很准确地确定，只能预计作案时间是在上午十点到下午四点之间。至于家里失窃了什么东西，失主说丢失的东西很多，他也没法一一列举出来。不过，他可以肯定其中的两样东西：一是十万块钱的现金；二是一个大首饰盒，里面装有各种金银首饰和玉器。剩下的东西，失主还在统计。

在入室盗窃案件中，失主无法准确列举出自己都丢失了哪些东西，是很正常的现象。其中，关于大首饰盒是从什么地方被偷走的，失主是做音乐这一行的，把大首饰盒藏在了家中的三角钢琴里。而那十万块钱，则被失主放在了电视下面的柜子里，小偷就是从柜子里把钱拿走的。

除此以外，案发现场还有一件十分反常的事情。

按理说，房间内没有留下任何痕迹，说明作案人的反侦查能力还是很强的。

可让人费解的是，作案人在离开现场时，把作案用的一副白手套丢在了门口。

经过痕迹比对，嫌疑人很快就被锁定了，是一名以开黑车谋生的男子，但在他的住处，警方并没有找到失窃的物品。

嫌疑人到案后，始终否认自己与这桩入室盗窃案有关。至于现场遗留的那副白手套，嫌疑人解释道，自己一定是遭人陷害，这副白手套是他平时开车时戴的，用旧了就会随手丢掉。一定是有人捡走了他的手套后，实施了入室盗窃，然后把手套留在了现场，嫁祸给他。至于可能是谁会去陷害他，他自己暂时也没有想到。

案件承办人内心也有些困惑。毕竟，没有哪个贼会蠢到把自己作案用的手套故意留在现场。

诚然，办案人员不能放过坏人，但是也绝对不能冤枉好人。如果真的是有人拿着嫌疑人的手套，作案后故意栽赃陷害给嫌疑人，那也不能让无辜者受到冤枉。

在查阅完整个卷宗材料，并查看了现场后，测谎师选取了几个主要的测试点：

测试点一：那天，你是否去过案发现场？

测试点二：东西丢失是你干的吗？

测试点三：丢失的东西有什么？

测试点四：首饰盒的存放位置在哪里？

测试点五：十万块钱的存放位置是哪里？

……

在测试前的谈话阶段，测谎师与被测人有这样一段对话：

测谎师：那么，到现在为止，你知道公安为什么要抓你吗？

被测人：知道，他们跟我讲了，说有个小区的一户人家被偷了，现场找

 到了我的手套，公安跟我说那个手套上有我的痕迹，就把我拘了。

测谎师：这件事，你现在怎么想？

被测人：没怎么想，冤。

测谎师：这件事是你干的吗？

被测人：不是。我一直就是这么讲的。

测谎师：现场为什么会有你的手套，能跟我讲一下吗？

被测人：我不知道，应该是别人捡了我的手套，然后嫁祸给我。

测谎师：你的意思是，你不是作案人，是吗？

被测人：是的。

测谎师：到现在为止，你知道是哪里被偷了吗？

被测人：听办案人员跟我说，是 ××× 小区。

测谎师：到现在为止，你知道被偷的东西有什么吗？

被测人：我知道一些，办案人员跟我说过。

测谎师：你都知道哪些东西被偷了？跟我讲一下。

被测人：好像有十万块钱。

测谎师：还有其他的吗？

被测人：还有一盒首饰吧。

因为这个隐蔽性情节已经泄露，所以第三个测试点已经不再适合进行测谎。

测前谈话结束后，测谎仪测谎正式开始。对第一套和第二套问题的测谎结果显示，被测人的回答是真实的：那天，他确实没有去过案发现场，东西也不是他偷的。

接下来对第三套测谎题目进行正式测试。问题的设置和被测人的回答如下。

问：你知道装首饰的盒子是从哪里被偷走的吗？

答：不知道。

问：是从床底下被偷走的吗？

答：不知道。

问：是从柜子里被偷走的吗？

答：不知道。

问：是从钢琴里被偷走的吗？（目标问题）

答：不知道。

问：是从保险箱里被偷走的吗？

答：不知道。

……

对这套题目的测谎结果显示，被测人在对目标问题“是从钢琴里被偷走的吗”回答“不知道”时，并未出现生理指标的特异性反应。换言之，嫌疑人不知道首饰盒是从哪里被偷走的。

接下来是对第四套题目的正式测试。问题的设置和被测人的回答如下。

问：十万块钱现金，你知道是从哪里被偷走的吗？

答：不知道。

问：是从书桌里被偷走的吗？

答：不知道。

问：是从保险箱里被偷走的吗？

答：不知道。

问：是从电视柜里被偷走的吗？（目标问题）

答：不知道。

问：是从衣橱里被偷走的吗？

答：不知道。

……

结果显示，在对“是从电视柜里被偷走的吗”这一目标问题回答“不知道”时，被测人依然没有出现生理指标的特异性反应。也就是说，被测人对十万块钱是从哪里被偷走的，同样不清楚。

这一连串的测谎结果显示，这名被测人也许真的与这起入室盗窃案无关。

这次测谎，是否存在问题？如果存在问题，那么到底是哪里出了问题？

其实，存在的问题很好理解，那就是，测谎师把事情想简单了。

对于这起案件而言，测谎师的测谎思路基本是正确的，但却遗漏了一种很重要的可能性，那就是，作案人很可能不止一个人。

尤其本案又是入室盗窃的案子。多人作案，有人踩点，有人望风，有人运输，有人行窃，是非常可能出现的情形。

如果本案确实是这种情况，并且被测人只是负责望风，并没有亲自入室行窃，那么尽管他参与了这次犯罪，那么他依然不会知道，那十万块钱现金和首饰盒究竟是从哪里被偷走的。

同样的道理，如果他只是望风，那么他也并没有亲自到过案发现场的那间房子，更没有亲自实施盗窃。

鉴于此，测谎师重新编制和调整测谎题目，对被测人进行第二次测谎。

以下为正式的测谎仪测谎阶段，测谎师发问的问题和被测人的回答。

问：××× 小区失窃的那个案子，你知道是几个人干的吗？

答：不知道。

问：是一个人干的吗？

答：不知道。

问：是两个人干的吗？

答：不知道。

问：是三个人干的吗？

答：不知道。

问：是四个人干的吗？

答：不知道。

……

测谎仪记录的生理指标图谱显示，在回答“是三个人干的吗”时，被测人的生理指标出现了异常变化。

这起案件，其实有三个人共同参与。这么看来，除了被测人，还有另外两个人也参与了这起案件。

紧接着，测谎师使用下面几套题目，继续进行测试。

问：你为这起入室盗窃做过准备吗？

答：没有。

问：你对我隐瞒了真相吗？

答：没有。

……

问：你知道这起入室盗窃是谁做的吗？

答：不……不知道。

……

问：你害怕事情的真相被查清吗？

答：不害怕。

……

问：这件事情，你参与了吗？

答：没有。

……

测谎仪的图谱显示，被测人在对这些问题进行回答时，生理指标均出现了十分异常的波形反应。

按照第二次测谎的结果，测谎师可以初步得出这样的结论：

第一，被测人为这次入室盗窃做过准备，参与了这起入室盗窃，但他并不是入室盗窃的实施者。所以，他对具体的案发现场的细节并不清楚，他应该是负责望风、运输或者是接应。

第二，除了被测人，应该还有另外两个人参与了入室盗窃的共同犯罪。

当然，至于该名被测人在本案中究竟扮演的是望风、运输还是接应、掩护的角色，还需要测谎师经过进一步的精细测试来予以明确。

所以，作为测谎师，如果把案件考虑得过于简单，而没有充分考虑到可能存在的其他可能性，就很可能会导致最终的测谎结论出现偏差。

同为真话：眼见不为实

如果同一件事情，两个人的说法却截然相反，你会怎么想？

你可能会想：一定是有一个人说谎了。真相只有一个，所以同一件事情怎么会出现两种相反的说法？

但有时，测谎师也会遇到这种奇妙的情形，那就是，虽然两个人对同一件事情的说法截然相反，但他们所说的，都是实话。

这又印证了那句话：测谎，千万不能把事情想简单了。

举个例子。

本案的测谎目标十分简单明了：帮助判断当事人双方谁先动的手。

案件起源于两家人之间的琐事纠纷，最终却酿成了激烈的冲突。

关于嫌疑人和被害人两家的矛盾，整栋楼里的居民都清楚。嫌疑人家住三楼，被害人家住四楼。嫌疑人的妻子前段时间怀孕了，但被害人家孩子小，很调皮，天天晚上闹腾，一到晚上就咣咣跺脚，弄得嫌疑人的妻子天天晚上睡不好觉。嫌疑人为此也去找过被害人，没承想被害人态度很横，说这是他自己的家，他爱怎么折腾就怎么折腾，你们要是受不了，你们就搬家。

按理说，楼上楼下的邻居，低头不见抬头见，相互迁就些皆大欢喜，可被害人偏偏就是不给嫌疑人这个面子。当然，这中间也掺杂着其他原因激化的矛盾。再到后来，嫌疑人又去找过被害人几次，好说歹说了半天，被害人依然我行我素，两家关系就弄僵了。

案发当天下午，嫌疑人和他的弟弟再次去被害人家找被害人理论，双方几句话后就发生了肢体冲突。

冲突过程中，嫌疑人用力将被害人推倒在地。被害人倒地时用右手一撑地，结果造成了右手骨折。

事情的经过相对比较简单，但到底是谁先动的手，双方当事人的说法却截然相反。

嫌疑人供述：

“当时是他（被害人）先动的手。我刚开始跟他吵了两句后，他就回身从门口拿起一个小板凳，我还没反应过来，他就拿板凳朝我砸过来，一下子就把我打趴在地上了。后来，他又要拿板凳去打我弟弟，我跟弟弟就反击，把他打伤了。”

嫌疑人的弟弟陈述：

“当时确实是他（被害人）先动的手，是他先从门口拿起一个小板凳就砸我哥，我哥一下子就被他打倒在地。我怕我哥吃亏，就冲上前挡在我哥身前。结果他还要抡起凳子砸我，我跟我哥就一块把他揍了。”

被害人的陈述：

“当时是他（嫌疑人）先动的手。他开始先是骂我，然后就狠狠踹了我一脚，紧接着又朝我胸前打了一拳，我是出于自卫，才从门口拿起一个小板

 凳砸他的。后来他们两个就一起把我打伤了。”

同一件事情，双方的说法却截然相反，其中必然有一方是在说谎。

那么，到底是谁在说谎？

本案嫌疑人由于特殊情况，无法到实验室接受测谎。因此，测谎师准备分别对被害人和嫌疑人的弟弟进行测谎。

测谎师首先对被害人进行测谎。

对被害人的测谎结果非常清晰。结果显示：被测人的陈述为真。

换句话说，案发当天，是嫌疑人先动的手。

既然被害人的陈述为真，那么嫌疑人弟弟的说法，就自然是假的了。

但事情并没有这么简单。

测谎师随后对嫌疑人的弟弟也进行了测谎。为了确保双方印证取得良好的效果，测谎师在对嫌疑人的弟弟进行测谎时，选用的测谎题目与之前对被害人测谎时使用的测谎题目，是一一对应的。

但对嫌疑人弟弟的测谎结果却显示：被测人的陈述同样为真话。

换句话说，案发当天，确实是被害人先动的手。

究竟是哪里出了问题？

在平日的工作和生活中，各种聊天软件已成为我们离不开的必备工具。而在使用聊天软件时，我们或许会有过下面这种类似的经历。

比如，几个朋友组织周末一起游玩，于是在聊天群里发了一个出游当天的行程安排。但过了一会儿，群里有一位参与者却在下面留言：“行程安排能在群里发一下吗？”因为这位参与者是几分钟前才刚刚被拉进群聊，所以之前群里的行程安排，他其实并没有看到。

而这件小事，也反映出了这次测谎结果之所以会出现矛盾的原因。

于是测谎师与嫌疑人的弟弟重新进行了一次谈话。

测谎师：我现在希望你能回想一下，发生冲突那天，你跟你哥是始终都在一起吗？

被测人：是。

测谎师：你仔细想一想，然后回答我，你们两个那天是否有分开过？

被测人：没有分开过，一直到警察来，都在一起。

测谎师：嗯。这么说，你们那天从进小区开始，就一直在一起，对吗？

被测人：是啊，因为我嫂子怀孕好几个月了，所以我开车送我哥和我嫂子回来的。

测谎师：然后你和你哥下车以后，一起去被害人家的吗？

被测人：应该是这样的。

测谎师：你嫂子当时是自己回家的吗？

被测人：我想一下……嗯……我跟我哥分开过一小段时间。

测谎师：什么时间？

被测人：进小区之后。

测谎师：具体是什么时候？

被测人：我停车的时候。

测谎师：那么，你跟你哥是一起到四楼找的被害人吗？

被测人：不是。

测谎师：你们没有一起到四楼？

被测人：不是同时。

测谎师：你们两个谁先到的四楼？

被测人：我哥。

测谎师：这一部分，详细跟我讲一下吧。

被测人：嗯，我想一下……那天下午，我送我哥和嫂子回家。到了小区楼下，我哥说他要去找楼上，让我陪着我嫂子上楼。我嫂子嘱咐了我哥几句，我哥就先下车了。我把车停好后，陪着我嫂子上了楼。走到三楼家门口，我听到楼上我哥和被害人在吵，被害人骂得很难听，我怕我哥吃亏，就让嫂子

 先进了家门，我赶忙跑到四楼去帮我哥。

测谎师：嗯。到了四楼，你看到了什么？

被测人：到了四楼，他们两个人还在对骂，被害人从门口拿起一个凳子，朝着我哥就打过来，我哥拿胳膊一挡，我听到他哎哟了一声，就倒在地上了。我怕我哥吃亏，就跑到我哥面前护住我哥，跟被害人说让他停手。被害人不依不饶，拿凳子朝我就抡过来，我用左手一挡，就跟他较上劲了。

……

之前相互矛盾的测谎结果，有了合理的解释。

在这个案子中，嫌疑人的弟弟并非第一时间到达现场，而在之前的测谎中，测谎师却忽略了这一重要细节。换句话说，嫌疑人的弟弟并没有看到事件的完整过程。

发生冲突当天，嫌疑人到被害人家找被害人理论。被害人开门后，两人没几句话的工夫就吵了起来，嫌疑人一怒之下，用脚踹了被害人，并朝被害人的胸口打了一拳。

所以被害人说，是嫌疑人先动的手，是实话。因为那天确实是嫌疑人先动的手。

被害人站起身后，一边叫骂，一边拿起屋内的小板凳砸向嫌疑人，将嫌疑人打倒在地。

此时，嫌疑人的弟弟刚刚从楼下跑到楼上，正巧目睹了这一幕。

从嫌疑人弟弟的视角来看，他当时所看到的，的确是被害人先动的手，拿起板凳砸向嫌疑人，将嫌疑人打倒在地。

也正因如此，嫌疑人的弟弟说，是被害人先动的手，也是实话。因为，之前嫌疑人殴打被害人的场景，他并没有能够目睹。

这就是一个双方说法截然相反，却同为真话的例子。

虚假自白：谎言为何出现？

由于人类有趋利避害的本性，有罪的人，可能会为了逃避惩罚，而编造各种谎话，假称自己是无辜者，企图瞒天过海。

这也是测谎师平日里接触比较多的一类谎言。

但不能否认的是，现实世界中还存在着一种令人痛心、令人困惑的谎言，那就是无辜的人编造假话，谎称自己有罪。

在开始这一部分之前，我们先来思考这样一个问题：一个无辜的人，会作出承认自己有罪的供述吗？

你也许会回答“有可能”，然后联想到刑讯逼供、屈打成招、意识模糊之类不好的事情。

那么，如果一个无辜的人，在没有遭受刑讯逼供等非法侵害，并且自我意识清晰的情形下，会作出承认自己有罪的供述吗？你也许会回答“不可能”，因为此时如果一个无辜者还作出自己有罪的供述，那这个人一定是疯了。

但日本法律心理学家浜田寿美男却用他的研究证明：即使是一个无辜的人，照样有可能会作出有罪的供述。

一个无辜的人却承认自己有罪，简单来说，就是无辜的人进行了虚假自白。

浜田教授是日本著名的法律心理学家，他的一个重要研究领域，就是“虚假自白”，即那些无辜的人为什么要作出有罪的供述，以及他们是如何作出有罪的供述的。

在这一部分，我将介绍浜田教授在虚假自白领域的研究成果：那些无辜的人，为什么会作出有罪的供述？

按照浜田教授的观点，无辜的人作出有罪的供述（即虚假自白），一般可以分为三种类型。

第一种类型，是替身型自白，也就是我们平时所说的替人顶罪。比如，在得知真正的作案人是一个对自己十分重要的人之后，希望自己能够替那个人承担罪责，于是谎称自己有罪，并作出有罪的供述。另外，在一些小说和影视作品中，我们也可以了解到这样一种替身型自白，那就是当一些具有社会轰动效应的案件发生后，一些一心想要成名，或者为了满足自身某些特殊心理需求的人，会谎称该案件是自己所为，这也是一种替身型自白。

第二种类型，是自我同化型自白。这种虚假自白是指，无辜者在反复接受询问的过程中，记忆出现了混乱，并逐渐对记忆失去信心。在其他因素共同作用的情况下，无辜者最终在不同程度上，相信自己或许真的做了不好的事情，从而作出有罪的供述。

它与替身型自白的区别在于，自我同化型自白中的无辜者相信自己就是作案人，而替身型自白中的无辜者是明知自己并非作案人的。

第三种类型，是迎合型自白。这种虚假自白是指在审讯的情境下，无辜者无法承受这一特殊情境带来的强大压力，迫切希望摆脱和逃离这一情境，从而迎合对方所说的话，承认对方希望自己所说的内容。

迎合型自白的特征在于，这是无辜者在遭受强烈痛苦的情况下，被迫作出的虚假自白。

以上三种虚假自白中，替身型自白和迎合型自白比较好理解，但自我同化型自白相对比较抽象和陌生，所以这一部分，我们着重阐释自我同化型自白。

甲山案件，是浜田教授深度介入的一个案件，也是一个十分典型的存在自我同化型自白的案件。鉴于此，这一部分也将主要依托这一案件，来说明浜田教授是如何解答“无辜的人为何会作出有罪的供述”这一问题的。

甲山案件发生于1974年，该案的被告人山田悦子在1999年被判决无罪。从案件发生到无罪判决，这中间经历了二十五年的时间。

甲山学园是一家专门收留智力障碍儿童的学园。悲剧发生于1974年3月的一天，甲山学园的两个学生先后失踪了。后来，搜寻人员在学园的水槽里发现了两名学生的尸体。

具体来说，3 月 17 日下午三点到晚饭这段时间，学园的工作人员发现一名学生不见了。

在报警后，学园的老师们和工作人员开始四处搜寻第一名学生的踪迹。一直搜寻到了 19 日晚上八点。一位老师在搜寻的过程中又突然发现，另外一名学生也不见了。

于是学园里的所有人又开始寻找起另一名学生来。最后，在学园里的水槽里，人们发现了两名学生的尸体。经过检查，确认这两名学生是溺死的。

警察立即断定，这是一起杀人案件。

既然是杀人案件，那就要有作案人。但是，甲山学园基本上是与外界完全隔离的，外面的人很难进来，里面的人也很难出去。

换句话说，这很可能是内部人员作案。

很快，山田悦子就成了主要嫌疑人。

这是因为，山田悦子是案发当天的值班人，也是最早发现第一名学生失踪的人。当她听说失踪学生的尸体被发现时，她哭倒在地，不停喊着要跟死去的学生一起去。但由于她的表现看起来有点过头，让一些人产生了怀疑。

浜田教授指出：

“这种怀疑其实根本就没有确凿的证据，山田因为感到自己有责任而拼命寻找孩子，在听到孩子死讯后难以控制自己的情绪，这其实也是合情合理的。但是，在杀人案件这一背景下，这些举动就成了怀疑产生的原因。而这些怀疑一旦出现，就不会轻易地终止，因为它会不断地吸收相关的证据。”

更要命的事情在于，在接受警察询问的过程中，其他的老师和工作人员为了证明自己的清白，居然主动向警察提到山田悦子十分可疑。这进一步增强了警察的怀疑。

在这种怀疑的驱使下，警察从学园内的一名小女孩口中，得到了这样一份目击证言：这名小女孩说，自己躺在被窝里的时候，山田老师曾经把第二名失踪的儿童叫出屋去。

依据这一份证言，警察逮捕了山田悦子。

但事实上，警察在之前对这名小女孩还进行过两次询问，而在这两次询问过程中，小女孩根本没有提到过山田老师的名字，并且她无法确定，她所陈述的事情是不是在案发当天发生的。

浜田教授在书中这样写道：

“我们从中可以窥见，最初与案件没有任何牵连的日常信息，在怀疑的旋涡里，被歪曲成案件的目击证言的诱导痕迹。”

在遭到逮捕后，山田悦子会见了自己的律师，律师告诉她拥有沉默权。但是，她对此十分反感，因为她认为，既然自己是无辜的，就应该把这件事情的来龙去脉彻底向警察解释清楚，使警察能够真正地理解，而不应该是保持沉默。

于是她向审讯人员供述，学生失踪那天晚上，她从七点半到八点多钟一直都与园长和老师们在一起，从没有离开过办公室。

但是，审讯员认为，如果作案人选择比较近的路线，那么只需要从办公室出来一小会儿，就可以完成作案。

于是，审讯人员要求山田悦子几乎以分钟为单位，来陈述不在场证明。

但是，已经过了很长时间，却要以分钟为单位回想几十天前的事情，几乎是不可能的。

在反复回想和思考的过程中，山田悦子发现，自己始终没有办法填补其中的十五分钟的空白时间。于是，在之后的一次审讯中，她改变了之前的供述，称自己曾经离开办公室，去过卫生间。

然而，在审讯人员的进一步追问下，又有新的空白时间出现了。山田悦子努力地思考和回想，却依然没有办法填补这些空白时间。

慢慢地，她的记忆开始变得混乱，她对自己的记忆开始失去了信心。

浜田教授在他的书中，呈现了山田悦子一段莫名其妙的供述内容：

“这十五分钟左右的记忆我怎么也回想不起来了。那个时间正好是失踪的学生被带出去的时间，但是从各种情况来看，或许是我在无意识中杀掉了他。孩子们都是天真无邪的，他们不会撒谎。如果真的有孩子看到我带走了他，我想这应该是真的。”

混乱的记忆，已经让她开始怀疑自己的记忆和判断，而当审讯人员告知她“小女孩的证言”时，她开始进一步不相信自己的记忆，以至于她讲出了“我在无意识中杀掉了他”和“如果真的有孩子看到我带走了他，我想这应该是真的”这种话。

在这里需要解释的是，为什么其他人的证言，会导致山田悦子开始怀疑自己的记忆和判断，并进而认同了他人的判断？

心理学家阿希在 1956 年曾经进行了一项著名的心理学实验，这项实验的名称为“三垂线实验”，现在有时也被称为“从众实验”。

在这项实验中，阿希安排了许多个实验组，每个实验组中有七名被试参加实验。但事实上，在每个实验组的七个人中，有六个人是阿希的实验室助手，只有一个人是真正的被试。而阿希所关注的，其实就是这唯一的一名被试在实验中的表现。

实验的任务非常简单，就是先给这七个人呈现一条线段，随后把这条线段隐藏起来。紧接着，再给这七个人呈现三条线段——A、B 和 C。然后，让这七个人判断：在这三条线段中，究竟哪一条线段与最初呈现的那条线段一样长。

实验开始后，在最开始的几次判断中，六名假扮成被试的实验室助手也认真地进行判断和作答。于是，真正的被试和这六名假扮的被试的判断结果，每次都是一致的。

当实验进展到这里时，真正的被试开始觉得实验有些无聊和枯燥。

但是，在经过了若干次的判断后，突然在对一组线段进行判断时，第一名假扮的被试按照之前阿希的指示，故意说出了一个明显错误的答案。比如，正确的答案应当为 B 线段与最先呈现的线段是一样长的。但是，这名假扮的被试给出的答案却是 A 线段与最先呈现的线段是一样长的。

当唯一的那名真正的被试听到他的结果时，他表现出了明显的吃惊。但紧接着，第二名被试也回答是 A，第三名被试、第四名被试，一直到第六名被试，都回答说是 A。

这名真正的被试对自己判断的信心开始动摇，对自己亲眼所见的东西，也开始产生了怀疑。其他人的判断，在无形当中形成了一种强大的压力，以一种微妙的形式改变了他的认知和判断。

这项实验的结果表明，大约有三分之一的被试，最终放弃了自己的独立判断，选择了与其他人做出同样的选择。

在这起案件中，山田悦子其实也经历了类似的遭遇。一方面，审讯人员告知她，小女孩已经跟他们讲述了，曾经看到山田老师带着溺亡的学生走出屋子的情景；另一方面，审讯人员还提醒她，他们已经掌握了山田悦子杀害学生的证据。

除此以外，她本身对于当天发生事情的记忆，也在审讯人员的反复追问下，变得混乱起来。

于是，其他人的群体性判断形成的巨大压力，加上其对于自身记忆的不自信，造成了山田的认知出现了微妙的变化。

浜田教授指出：

“除在反复追问下造成的记忆混乱等因素外，使山田的内心产生动摇，最终作出有罪供述的，还有其他两件事情。”

这两件事情给山田悦子的心理造成了巨大的冲击。

第一件事情，就是审讯人员告诉她，她的父亲也在怀疑她杀死了学生。这对她来说，是一个沉重的打击。这直接导致她开始自暴自弃，破罐子破摔地承认是自己杀害了孩子。

第二件事情，是审讯人员通过调查了解到，山田悦子的母亲曾经在一段时间内出现了健忘症的状态。于是，审讯人员告诉山田悦子，或许她继承了母亲的这一特点，尽管实际上做了，自己却没有杀人的记忆。

如果说第一件事情，让山田悦子自暴自弃地作出有罪的供述，那么第二件事情，就是让山田悦子变得彻底不相信自己。

她甚至请求审讯人员帮她恢复记忆。

最终，山田悦子作出有罪的供述。

一个无辜的人，却作出有罪的供述。除了上述提到的几个原因，浜田教授还对其他可能造成虚假自白的原因，进行了系统的分析论证。

其一，浜田教授称之为“现在的痛苦与未来的悲剧”。

很长时间以来，我们都存在一种错觉，那就是，当无辜者考虑是否作出有罪的供述时，会对两个重要的砝码进行衡量，一个是“不承认造成的现在痛苦”，另一个是“承认造成的未来悲剧”。

我们会把这两个砝码，放进决策天平的左右两个盘子中，看天平向哪一侧倾斜。如果前者更重，那么无辜者就会考虑作出有罪的供述。如果后者更重，无辜者就会坚持无罪的陈述。

举例来说，如果一名被冤枉为凶手的无辜者认为，尽管现在的身体和精神感受到了强烈的痛苦，但如果违心作出有罪的陈述，那么未来将会面临终身的牢狱之灾，自己的人生都将葬送。所以，尽管现在身心都非常痛苦，但我一定要咬牙挺住。那么，在这种情况下，他更加看重的是“承认造成的未来悲剧”，从而坚持无罪的陈述。

但如果无辜者认为：“我现在太痛苦了，无论如何，我都要先停止这种痛苦。”在这种情况下，他更加看重“不承认造成的现在痛苦”，从而考虑作出有罪的供述。

依据这种思路，我们或许会产生这样的想法，那就是，每一个明智的无辜者，都应该能够认识到，不能为了脱离现在的痛苦，而使得在未来遭受更长时间的痛苦！

但浜田教授指出：

“我们通常的这种思路，是存在问题的。”

其中的原因在于，平时我们在使用天平时，是可以把东西同时放进左右两个盘子中的。但是，在真正的审讯过程中，两个砝码并不是同时被放进两个盘子中的。

具体来说，“现在的痛苦”是在当下被直接放进盘子中的，个体也在切身感受着这种痛苦。但是，“未来的悲剧”却并不是立刻被放在盘子中的，个体在当下也并没有切身的感受。

更重要的一点在于，“未来的悲剧”只是一种可能性，而并非必然发生的事件。无辜者可能会安慰自己，在未来见到法官时，自己也许还有机会能够辩解，从而避免“未来的悲剧”发生。

也正因如此，“现实的痛苦”才会压过“未来的悲剧”。

其二，浜田教授称之为“对刑罚的现实感”。

如果是真正的罪犯，他心里铭刻着犯罪的记忆和体验。也正因如此，他对于承认罪行就会遭受刑罚，存在着真真切切的现实感。

但无辜的人却不是这样。由于他并没有实施犯罪，所以整个犯罪过程对他来说都是不现实的，也是很难去进行想象的。当面对强烈的痛苦时，他们对于自己作出有罪供述而可能带来的后果，并没有什么现实感。

事实上，许多无辜的人会坚信，既然自己根本没有做违法犯罪的事情，那么即使自己作出有罪的供述，也不能据此就让他遭受惩罚。

所以，从这个角度来看，无辜者由于对未来的刑罚不具有现实感，反而可能会作出有罪的供述。

其三，浜田教授称之为审讯的“场”压力。

浜田教授认为，审讯是一个充满压力的场。

首先，置身于这个“场”中，个体就要与日常生活隔绝。更为重要的是，个体要与自己所有的社会支持系统隔绝。

心理学上认为，个体只有拥有足够的社会支持，才能保持自身的心理平衡。但在这个“场”中，个体所有的社会支持力量被隔离，成了一个孤立无援的孤家寡人。此时，个体的心理是异常脆弱的，而在这种心理异常脆弱的情况下，个体将很难做出理智的决定。

其次，处于这个“场”中，个体的一举一动都将受到他人严格的管理，在行为上完全没有自由。

心理学上认为，个体的心理和行为是相互影响的，不仅仅心理可以影响行为，行为反过来也可以影响心理。当个体在行为上丧失了完全的自由后，其在心理上必然也将体验到难以想象的痛苦感和失控感。

再次，是这个“场”的不可脱离性。

几乎每一个无辜者，都有一个十分朴素的想法，那就是，如果我将所有事情一五一十地向办案人员说清楚，他就会相信我的。

应当说，无辜者渴望被理解的想法是极为强烈的。但如果无辜者在陈述的过程中出现了一些问题，或者无法证明自己所陈述的内容的真实性，或者审讯人员所掌握的一些证据与其陈述内容相左时，审讯人员很可能会不相信无辜者的陈述，并质问无辜者为什么说谎。

浜田教授指出：

“如果这种事情在日常生活中发生，无辜者大可以愤怒地说，既然你不理解我，那就算了，我也不想再说了。然后站起身，拂袖而去，双方的谈话随即结束。但是，嫌疑人是不能自己离开审讯现场的。于是，在经过不断的

 否认，却依然得不到任何回应后，一种强烈的无力感迎面而来。此时，无辜者如果开始自暴自弃地想‘什么都无所谓了’，也是非常正常的事情。”

最后，就是“时间的展望”。浜田教授提出，对于一件事情来说，无论这件事情有多么痛苦，只要知道自己在什么时候可以解脱，那这种痛苦就是可以继续忍耐的。但在这个“场”中，无辜者根本无法预计，自己什么时候才能从这种痛苦中解脱。在这种情况下，当下的痛苦必然会变得更加让人难以忍受。

浜田教授通过对甲山案件深入透彻的分析，解答了“无辜的人为何会作出有罪的供述”这一问题。通过对本案的分析，我们可以看到，在多方面因素的共同作用下，无辜的人也是可能作出虚假自白的。

正如浜田教授所说：

“虚假自白不仅对自己无益，而且会使自己陷入更加悲惨的境地。人们知道这一事实，但还是会陷入虚假自白的陷阱中。这也许令人难以置信，但这确实是存在的。”

虚假自白：谎言如何形成？

在前一节中，通过对日本甲山案件的深度介入和研究，浜田教授解答了“无辜的人为什么会作出有罪的供述”这一问题。

但承认自己有罪，只是第一步。

在这一部分，我们将目光聚焦于下一个问题：既然无辜者并没有实施犯罪，对于犯罪的整个过程也一无所知，那么无辜者的有罪供述，究竟是如何形成的？

在这一部分，我们以浜田教授进行深度研究的另一个案件——日本的宇和岛案件为依托，来探讨无辜者的有罪供述是如何形成的。

宇和岛案发生于 1999 年，被告人因犯盗窃罪而被起诉。当审判进入最终阶段时，一名流窜作案的盗窃惯犯落网。在审讯过程中，这名惯犯交代了其他一些罪行，其中就有宇和岛盗窃案。

真正的作案人出现，之前的被告人最终被无罪释放。

宇和岛案的被告人A，与被害人多年来一直关系亲密，经常出入被害人家。

某日，被害人发现自己家中的存折和印章不见了，到银行一核实才发现，存折里的钱在半个月前就已经被人取走了。换句话说，存折在半个月前就已经被人偷走了。于是，被害人急忙到警察局报了案。

警察经过调查后，将 A 列为重点嫌疑人。在讯问过程中，审讯人员告诉他，如果他继续抵赖，那么警察还要去调查他的公司和亲戚，这样会给他周围的人带来更多的麻烦。

于是，在经过四个多小时的审讯后，A 终于向警察承认，这起盗窃案的作案人就是他。

但是，当无辜的人承认自己实施了犯罪后，这种让他感到极其痛苦的情境，还远远没有结束。

因为接下来，他需要回答另一个对他来说极为困难的问题：你具体是怎么做的？

于是，A 在最初的有罪供述中说道：

“我是在 1998 年 12 月下旬的某一天晚上七点钟左右进入被害人家中偷了印章。之所以要去偷印章，是因为要使用这一印章和以前从被害人家中偷盗的存折去进行取款。”

偷了印章以后，他在 1999 年 1 月 8 日去了某家银行，取出了存折中的五十万日元。

在得到存折中的钱之后，其中二十万日元在 1 月 8 日左右用于还债。其中十万日元被藏在了他轿车后座的脚垫下面。剩下的二十万日元，用于其他生活和娱乐消费，已经花光。

但这里存在着一个极为关键的问题：A 根本没有实施犯罪，也就根本没有任何的犯罪体验和犯罪记忆痕迹。

那么，他又是如何能够供述出这一整套符合逻辑的所谓“犯罪过程”的呢？

针对 A 的有罪供述，浜田教授进行了细致的分析。

首先，是想象。但是浜田教授指出：

“这种想象绝对不能是凭空想象，而是需要在把各种证据考虑在内的基础上，进行合理的想象。如果脱离了已有的各种证据进行凭空想象，则必然会被当场拆穿为谎言。”

例如，当 A 开始虚构自己的作案过程时，他首先要进行想象的，就是偷印章的时间。

因为五十万日元被从银行取走是发生在 1 月 8 日的事情，所以他偷印章的时间必须在 1 月 8 日之前。如果他虚构的作案时间在 1 月 8 日之后，将会立刻受到审讯人员的质疑，他将不得不重新进行虚构和想象。

另外，由于被害人在几个月前还曾经使用过印章，所以他偷印章的时间，必须在被害人最后一次使用印章之后。

最后，A 将偷窃印章的作案时间想象为“1998 年 12 月下旬的某一天”。由于本案是入室盗窃，所以应当是被害人不在家的时间，于是 A 将偷窃印章的作案时间虚构为“晚上七点钟左右”。

通过对在案证据的内容进行组合，A 成功地对作案过程进行了初步的虚构和想象。

但是单凭想象还不够。

浜田教授指出：

“无辜者要想进行有罪的供述，还需要借助本人的体验记忆。”

也就是说，无辜的人作出有罪的供述，绝对不是在一张白纸上随便地虚构故事，而是最终要把作案故事和自己的个人生活体验结合在一起。

比如，当A虚构自己如何处理那五十万日元时，他必须跟自己的真实生活体验结合起来。

他供述1月8日用二十万日元偿还了负债，这是真实存在的事情，也是他自身的真实生活经历。另外，他供述把十万日元藏在汽车后座的脚垫下面，这是真实存在的事情，也是他自身的真实生活经历。

如果说这些供述的内容并非来自A的真实生活经历，而只是A单纯进行的捏造，那么其可信度必然会大打折扣，甚至会出现许多内容上的纰漏。

但偏偏这部分供述的内容，又确实是基于A的真实生活经历。所以，当警察依据他的供述，在他的汽车后座下找到了十万日元后，再也没有人会怀疑他的供述的真实性。

就这样，无辜的人在进行虚假的陈述时，通过将自己的真实生活体验融入虚构陈述的内容之中，使得整个虚假自白看起来更加真实和合理。

在此基础上形成的有罪供述，已经具备了相当程度的可信性。但是，无辜者要想一次就成功地完成有罪供述，是很困难的。

因为此时的陈述，虽然看起来比较合理，但往往是比较笼统的。

比如，关于到银行取款时的具体情况，在A最初的供述中，就并没有被提及。尤其是A究竟是在1月8日的具体什么时间到银行取的钱款，A在最初的供述中并没有说清楚。

其实这也是在预料之中的，A可能听被害人讲过，五十万日元是1月8日被人从银行取走的，但是他并没有听被害人讲过究竟是在具体什么时间被取走的。

所以，他在最初的有罪供述中，只能笼统地陈述自己在1月8日到银行

 取走了五十万日元，却不能陈述更多的细节，因为取走钱款的具体时间，绝不是通过A的想象和个人生活经历，就可以猜想出来的。

但是，在后来的供述中，A却慢慢地明确了取款的具体时间。最终，A将取款的时间确定为“中午十二时十几分”。

这是非常令人吃惊的，因为A根本没有到银行取过这五十万日元，现在却精确地说出了只有真正作案人才会知晓的取款时间。

那么，他究竟是如何做到的？

浜田教授指出：

“A在被审讯的过程中，从审讯人员那里得知了警察在银行监控录像中取得的内容，于是他依据这一信息，顺利地说出了只有真正的作案人才知晓的取款时间。”

浜田教授补充道：

“这些细节在之后的有罪供述中，就像搭积木一样，会一块一块地堆积上去，各情节之间的矛盾逐渐被协调和消除。当没有明显存在矛盾和遗漏的细节时，整个有罪供述也就基本完成了。”

重新查看这份有罪供述时，我们会发现，这份供述是基于A本身的生活经历，供述的内容与存在的客观证据相互印证，并且供述的各个细节之间也不存在逻辑上的矛盾。

在这种情况下，我们很难想到，这会是一份虚假的自白。

浜田教授指出：

“如果我们能够正确认定‘秘密的暴露’，及时地发现‘无知的暴露’，就能在很大程度上帮助我们发现虚假有罪供述的存在。”

浜田教授所说的“秘密的暴露”，其实类似于测谎中所说的“案件隐蔽性情节”。简单来说，就是那些只有真正的作案人才会知晓的一些重要的案情信息。如果陈述者进行了“秘密的暴露”，即讲出了案件中的一些隐蔽性信息，那么将预示其极有可能参与了犯罪的实施过程。

举个例子，一起杀人案件，凶手在杀人后将尸体掩埋到某个隐蔽之处。警察经过仔细的搜索，依然没有能够找到死者的尸体。在将凶手抓获后，凶手承认了自己杀害死者的犯罪事实，并向办案人员供述了尸体的藏匿地点。办案人员依据凶手提供的信息，顺利地找到了被埋藏的死者尸体。

在这种情况下，这名凶手的有罪供述的可信度就会变得很高，因为他进行了“秘密的暴露”。

但具体到宇和岛案件中，这种“秘密的暴露”却被错认了。

浜田教授提出：

“A在有罪供述中曾经提到，自己在进入被害人家中偷窃印章时，印章当时是被装在一个紫红色的荷包里。后来，办案人员向被害人本人进行询问，被偷的印章当时是否是被装在一个紫红色的荷包里。被害人对此予以确认。”

于是，办案人员据此认为A是进行了“秘密的暴露”，也因此坚信A的有罪供述是真实的。

但办案人员在这里其实犯了一个错误。

这是因为，A与被害人已经相识很久，A也多次去过被害人家中，自然也很可能曾经看见被害人有这么一个紫红色的荷包。并且，在被害人发现自己的印章不见后，还曾跟A讲述过，自己是将印章放在一个紫红色的荷包里，但是现在却不见了。

鉴于此，A供述的“印章是被放在一个紫红色的荷包里”并不是“秘密的暴露”，也不能证明A的有罪供述是真实的。

浜田教授所提出的正确认定“秘密的暴露”，对于测谎师来说，也具有很大的借鉴意义。在测谎实践中，测谎师在使用案件隐蔽性信息（相当于浜田教授所说的“秘密的暴露”）进行测谎时，也同样需要注意所使用的案件隐蔽性信息是否已经被泄露，或者说被测人的心理信息是否已经遭到污染。

这在前文中已有提及。如果在未加核实的情况下就贸然地使用这些案件隐蔽性信息进行测谎，并进一步使用测谎结果来判断被测人是否参与了犯罪的具体实施过程，那么将很可能造成对事实的判断出现偏差。

所谓“无知的暴露”，按照浜田教授的解释，是指嫌疑人有罪供述中的一部分内容，办案人员在当时的侦查阶段还没有对这些内容的真实性进行核实。但在之后的侦查阶段，通过核实，发现这些内容与现实明显不符，并且这种不符是十分明显的矛盾，而非一些单纯看错或说错的失误。那么，陈述者就是进行了“无知的暴露”，这是虚假有罪供述的一个重要特征。

当然，有经验的办案人员都会知道，即使是真正的作案人，在进行有罪供述时故意虚虚实实，真假混杂，混淆视听，也并非罕见。

而在这起案件中，A 实际上出现了“无知的暴露”。

比如，在 A 虚构的有罪供述中提到，在骗取了五十万日元后，他用其中的二十万日元还了之前欠的债。这在当时的侦查阶段来看，并没有发现什么问题。

但是，当后来办案人员进一步对这件事情进行调查时才发现，A 的准确还债日期是 1 月 7 日。但是，A 供述的从银行取走五十万钱款的时间是 1 月 8 日。

于是，问题就出现了：取款时间是 1 月 8 日，而还债日期是 1 月 7 日。

也就是说，如果按照 A 的有罪供述，那么 A 是在取款的前一天，就用取到的钱还了债。

很显然，这是不可能的。

A 所表现出的这种“无知的暴露”，其实是虚假自白出现的一个重要信号，但令人遗憾的是，这并没有引起办案人员的足够重视。

最终，通过这个案件，我们可以清晰地看到，一个无辜的人，究竟是如何能够供述出一整套作案过程的。

相互印证：一条狗引发的血案

案件承办人办理案件，讲究的是各证据间的相互印证。

同样，测谎师办理测谎案件，讲究的也是各被测人测谎结果之间的相互印证。

比如，某一案件中存在一名嫌疑人和两名被害人。如果测谎师对嫌疑人和两名被害人均进行测谎，并通过测谎确认：嫌疑人的供述为假，两名被害人的陈述均为真。那么，三名被测人的测谎结果之间形成了相互印证，自然更能进一步确保最终测谎结论的准确性。

对同一案件中的多名当事人进行测谎，必然需要测谎师付出更多的精力和体力来完成测谎。

但这种困难还是次要的。

更大的困难在于：如果几名被测人的测谎结果之间，出现无法相互印证的情形，此时测谎师究竟该如何对测谎结果进行解释？

事实上，在实践中，测谎师真的可能会遇到这种情形。

下面我举一个例子。

这起案件可以称得上是"一条狗引发的血案"，因为案子的起因，就是因为一条狗。

被害人和妻子一起下楼去买菜，两人买完菜后便往家走。快要走到楼下时，突然不知从哪里跑出来一条狗，一边叫着，一边直奔被害人的妻子冲了过去。事发突然，被害人与妻子完全没有准备。见狗狂叫着冲过来，被害人的妻子吓得哇哇大叫。听到妻子尖叫，被害人这才反应过来。挂念妻子的安危，被害人也顾不上许多，一个箭步冲到那条狗面前，对着它猛地飞起一脚。狗被踢出了几米远，躺在地上，后腿蹬了几下，就没了动静。

被害人顾不上过去看那条狗，赶忙跑到妻子身边，抱住妻子进行安慰。

这时，一名年轻女子跑了过来，一把拽住被害人的衣服，称自己家的狗让被害人踢死了，要被害人赔她的狗。

被害人正要跟这名女子理论，就听到楼门口有人喊道："是谁踢我家的狗了，是不是你？"

被害人定睛一看，一名穿黑色上衣、白色短裤的中年男子从楼门口向他走来。

以下为本案嫌疑人和被害人各自的陈述。

被害人的陈述：

"我看那个男的气势汹汹地冲我过来，就把我爱人推到了一边，冲那个男的说道，狗是我踢的。然后那个男的一边走过来，一边骂道，踢他家的狗，我是活够了。我也不甘示弱，说道，他家的狗咬人，我就有权踢。

"这时，就听那名年轻女子冲那男子喊道，狗死了。那个男的于是冲我大叫，说狗死了，问我怎么赔。我当时也在气头上，说赔什么赔，活该。

"然后那个男的就走到我跟前了，我说道，怎么，还敢打人吗？那个男子吼道，打的就是你！然后他就抡起拳头，朝我胸口猛打了一拳。我因为当时没有任何防备，所以整个人直接仰面砸在了地上，当时就觉得整个人意识模糊了。后来医院给我诊断，说是头部受了伤。"

嫌疑人就是被害人口中的那名打人男子，他的供述如下：

"我那天中午跟女朋友吃完午饭后，打算到小区里遛狗。她带着狗先下了楼，我穿好衣服后才下了楼。刚走到楼门口，就看到她抓着一个老头儿的衣服，喊着让那老头儿赔她的狗。我一看知道狗出事了，怕老头儿耍赖，我立刻打了个电话给我家对门的朋友，让他赶紧下来帮忙。他跟我家住对门，平时跟我们家走动很多，我跟他也经常在一起喝酒，相互之间关系很不错。

“打完电话以后，我就走出楼门口，找那个老头儿理论。我指着老头儿，让他赔我家的狗。我们两个理论了一会儿，然后我就用右手的食指这么指着他，朝他走过去，他就慢慢后退，突然他扑通一下就摔那儿了。那个老头儿就是讹人，我根本都没碰到他，更没有打过他。”

除此以外，还有嫌疑人叫来帮忙的那个朋友。他的证言如下：

“我当时也在现场，目睹了事情的整个过程。那天中午我在家看电视，就接到孙哥的电话，他说他在楼下，家里的狗让人打死了，让我赶紧下去帮忙。我放下电话就下了楼。

“到了楼下，我就看到孙哥跟一个老头儿面对面站着。孙哥一边指着那个老头儿，一边朝他走过去。那人就慢慢后退，退了几步之后他一下子就摔地上了。当时孙哥跟那个老头儿隔了有差不多一米远吧，所以孙哥铁定没碰着那老头儿。”

这么看来，这起案件通过测谎需要解决的关键问题就是，被害人受伤，究竟是因为自己摔倒，还是嫌疑人击打造成的。

考虑到本案被害人无法接受测谎，为了最大限度地确保测谎结果的准确性，测谎师决定分别对嫌疑人、被害人的妻子，以及那名嫌疑人叫来帮忙的朋友进行测谎，希望通过各案件当事人之间测谎结果的相互印证，来更好地厘清事实。

在对多名案件当事人分别进行测谎时，测试的顺序也是测谎师需要认真考虑的事情。

经过考虑，测谎师决定首先对被害人的妻子进行测谎。

对被害人妻子的测谎结果显示，被测人陈述为真，即案发时嫌疑人确实是用拳头猛击被害人胸部，造成被害人摔倒在地受伤。

接下来，是对嫌疑人进行测谎。

对嫌疑人的测谎结果显示，被测人陈述为假，即案发时嫌疑人确实用拳头打了被害人的胸部。

最后，是对嫌疑人朋友进行测谎。

对嫌疑人朋友的测谎结果，有些出乎测谎师的意料。

因为测谎结果显示，被测人陈述为真，即案发时嫌疑人并没有打被害人。

这就出现了一种让测谎师感到十分棘手的情形：几名当事人的测谎结果之间，并没有出现相互印证。

于是，测谎师开始寻找这种情况出现的原因。

在排除测谎过程中以及图谱分析中可能出现的误差后，测谎师终于发现了这次测谎的问题所在。

问题还是出在这名证人身上。

测谎师对这名证人的测试，本身在题目设置上并没有明显的错误。但如果测谎师要使用这些问题对这名被测人进行测谎，必须满足一个大的前提——这名证人必须亲眼看到了整个事情的经过。

但除了嫌疑人和这名证人自己的陈述，并没有其他人证明案发当时，这名证人确实在现场目睹了整个过程。

如果这个前提没有满足，即案发当时这名证人根本就没有目睹整个过程，那么对其进行的测谎所得出的结论，也将失去意义。

于是，测谎师重新对这名证人进行了测谎。

测谎师首先对被测人进行核实：案发当时，他是否在场，是否目睹了整个事件的过程。

对这个问题的测谎结果显示，被测人根本就没有目睹当时的事件过程。

案发那天，这名证人接到嫌疑人的电话，立刻就下楼去帮忙。但是当他走到楼下的时候，悲剧已经发生了，被害人已经倒在了地上，所以他根本就没有看到被害人到底是怎么摔倒的。于是他赶忙询问嫌疑人，刚才究竟发生了什么事。嫌疑人于是告诉他，被害人是自己摔倒的，自己根本就没有碰到被害人，更没有打过被害人。

也正因如此，当测谎师询问他，被害人摔倒是不是嫌疑人造成的时，他回答“不是”，却并没有出现异常的生理指标反应。

因为他相信嫌疑人对他所讲的经过。尽管他并未看到，但他相信。在他看来，这就是事实。

证人证言：儿童的证言准确吗？

1902 年的某一天，犯罪学家李斯特在他的课堂上正在发表自己的观点，一名学生突然站了起来，对老师提出了激烈的反对意见。此时，第二名同学站了起来，试图去阻止第一名同学不礼貌的行为。紧接着，这两名学生就开始了争吵，很快演变成了激烈的冲突。突然，第一名学生从他的衣服里取出了一把手枪，第二名学生迅速扑了上去，开始与他抢夺手枪。李斯特见状，也赶忙跑过去抢夺那把手枪。

就在这时，响起一声巨大的爆炸——枪走火了。

整个课堂鸦雀无声，两名同学也停止了冲突。万幸的是，现场并没有人受伤。

几分钟后，李斯特告诉学生，等警察到达现场后，他们有义务向警方提供证词。

但实际上，这只是李斯特亲自导演的一场心理学实验而已，其目的就是来探究，目击学生的证言的准确性究竟如何。

这场心理学实验的结果显示：即使是本实验中表现最好的一位学生，其证言也在百分之二十多的重点情节上发生了错误。

目击证人证言，在司法领域中占据着绝对重要的地位。一方面，证人不像嫌疑人或被害人那样处于心理应激状态，因此可以较为准确地感知和记忆案发当时的具体情形；另一方面，证人处于相对中立的地位，因此可以较为客观公正地陈述事情的来龙去脉。

作为测谎师，也常常要与各种证人证言打交道，并在一些情况下，会依据目击证人所提供的证言，设计测谎的整体思路，并进行测谎题目的编制。

这一部分，我们将着重来讨论证人证言领域中的一个问题——儿童的证言可靠吗？

这也是我经常会被案件承办人问到的一个问题。

事实上，与成人相比，儿童证言的准确性确实要更差一些，也往往会出现更高的错误率。造成这种结果的原因，主要有以下几个。

第一，儿童也许能够比较准确地陈述那些相对简单的事情，比如，回答“那个阿姨后来离开房间了吗”。因为，这些事情是他可以理解的，所以他可以作出相对准确的陈述。但是，如果要求儿童去陈述一些相对复杂的事情，比如，描述行为人的一系列复杂的动作，那么儿童就很难进行准确的陈述了。

因为这些事情超出了他的知识范围，他无法理解这些事情的意义是什么。

事实上，更为严重的一点在于，儿童即使在并不理解一些事情的意义的情况下，依然会毫不犹豫地作出回答。

这是充分值得我们警惕的，如果儿童在被问到他并不理解的一些事情时，能够直接表达出，自己并不清楚这些事情的具体含义，那么提问者可以及时调整问话的内容，确保儿童的证言不会出现偏差。但是，如果儿童即使在并不理解被问到的事情的含义时，依然做出了肯定或否定的回答，那这无疑为之后查明事实埋下了巨大的隐患。

第二，儿童的受暗示性要显著高于成人。我们每个人身上都存在着受暗示性，但儿童的受暗示性则更高一些。

比如，当使用带有暗示性的问话方式询问一名儿童：“那天上午，小琪没有去过教室，你也没有见到过她，对吗？”儿童更有可能在提问者的诱导下，作出与事实不符的回答。

有时我们可能会认为，只要我们在对儿童进行询问时，能够有意识地避免带有暗示性的提问，就能够有效避免儿童的目击证言出现错误。

比如，有的访谈者可能会信心满满地表示：我是接受过专业的心理学训练的，一定会完全避免那些带有暗示性的提问，所以不会给儿童陈述的准确性造成干扰和影响。

但遗憾的是，很多时候，在询问过程中，即使询问者出现了有暗示性的提问，但询问者自己并未意识到自己的提问出现了问题。

相反，儿童却能在第一时间迅速地感受到这种暗示，并依据这种暗示所指的方向，改变自己的目击证言。

第三，儿童在回忆的过程中，更可能对信息的来源产生混淆。这具体是指，儿童在很多时候，可能会把事情发生之前所看到的一些事情，与事情发生当时的一些事情混在一起。

比如，事情发生当天，儿童的一位老师并没有出现在课堂上，但在事情发生的前几天，这位老师曾经出现在课堂上。

于是，在询问儿童“那天，老师去过学校吗”时，儿童可能会混淆当天所发生的事情和之前所发生的事情，从而错误地回答：“那名老师在事发当天曾经去过学校。”

第四，儿童在回忆的过程中，很可能会出现取悦成人的情况，使儿童会不自觉地按照成人的意愿作出自己的陈述，从而使得证言的内容出现错误。

这种证言的改变是十分微妙的，也是十分不容易被觉察的。有时，成人的一个肯定的眼神、一次微微的点头，甚至是一个随意的眨眼，都会使得儿童坚信自己所说的是对的，从而作出肯定的回答。

事实上，司法心理学家也通过各种实验来证明儿童为了取悦成人，而提供错误证言现象的存在。

比如，在一项心理学实验中，几名儿童一起听一名成人讲述了一个故事。然后，这些儿童被分成了两组。

第一组儿童由成人对他们进行单独的提问，在提问过程中，成人会加入一些暗示性的信息。

第二组儿童由一个七岁的孩子来进行提问，同样也加入了一些暗示性的信息。

这项实验的结果发现，第一组儿童证言的错误率，远远高于第二组儿童证言的错误率。

单单是询问者发生了变化，就使得证言的错误率出现了显著的变化。

鉴于儿童在提供证言的过程中，更可能受到各种干扰因素的影响，因此，我们也一定要保持审慎的态度，来判断儿童证言的内容是否准确。

第五章

学以致用：测谎之其他

刻板化陈述：如果顺序被打乱

在学校读书的时候，老师曾教过我们许多犯罪心理学的概念和现象。但许多犯罪心理学的知识，直到我开始从事司法实践工作后，才真正地对它们有了进一步的理解。

比如，上学那会儿，老师曾经告诉我们：

“当个体编造谎言时，往往会表现出刻板化陈述。”

在参加实践工作之前，我对于什么是刻板化陈述，仍然是一知半解。

但今天，我有机会进一步理解，什么是刻板化陈述。因为下面这名被测人，以他的实际表现给我上了生动的一课。

这名被测人曾经因为盗窃罪蹲过一次监狱，结果出狱不到一个月，又因为涉嫌诈骗再次被抓。

这起案件的情形，我在前文中也曾经简单地提到过。案情经过大致是这样的：这个被测人（即本案嫌疑人）在监狱服刑期间，被害人跟他被关在同一个号子。他在号子里跟被害人吹牛，说自己曾经当过兵，还下海经过商，自己的关系硬得很，等过几个月自己出去了，打算东山再起。被害人听信了他的话，于是跟他讲，如果他出去以后要做生意，自己一定给他投资。俩人在监狱里就定下了这件事情。

后来，嫌疑人和被害人均被刑满释放。出狱后，被害人找他一起吃饭，其间，他对被害人说现在做水果批发生意十分赚钱，问被害人愿不愿意跟他

 一起赚钱。被害人一听立刻答应。

他又说，做水果批发生意需要大约四万块钱，他俩一人出两万块钱，所得利润五五分成。被害人也表示了同意。于是两人再见面时，被害人交给了他两万块钱，他跟被害人签了一个合同，交给了被害人带回了家。

在这之后，他再也没有联系过被害人。

过了一个月，被害人主动给他打电话，询问买卖进展如何。没承想，他突然问了被害人一句，什么买卖？

被害人意识到，嫌疑人可能不认账了，于是赶忙回宿舍找当时的那份合同，却怎么也找不到。被害人询问自己的儿子，儿子说，有一天被害人不在家时，那个叔叔来过家里一趟，从被害人的皮箱里拿走了一张纸。

被害人明白，这张收据已经被嫌疑人偷走了。于是，被害人选择了报警。

由于嫌疑人始终坚称，自己从没跟被害人签过合同，也从没拿过被害人的两万块钱，为了弄清案件事实，案件承办人委托我们对他进行测谎。

我与被测人在正式测谎前的对话如下。

我：这件事的来龙去脉，你现在还能记得清楚吗？

被测人：能记得清楚。

我：那你就把事情的经过跟我详细说说吧。

被测人：好的，我就从我出来那天开始说。我出来以后，第一次见他是在出狱当天，当时他在监狱门口等我，然后骑着摩托车带我去饭馆吃了个饭。第二次见他是在两天以后，他打电话叫我吃饭。吃饭的时候他问我要不要跟他合伙跑运输挣钱，我说我想先休息一阵子，就拒绝了。第三次见他是又过了三天，我去他家吃饭，我俩喝了不少酒，然后我就在他家睡着了。醒了以后，没什么事我就走了。第四次见他，是第二天，他就拿着一张收据去我家找我，说我欠他两万块钱，让我还他。他那个合同肯定是假的，所以我根本就没搭理他，他就把我告了。

我：你刚才说，有一次你在他家睡着了？

被测人：是。

我：你去他家那次之前，他跟你提出过合伙做生意的事情了吗？

被测人：我第一次见他是在出狱当天，他在监狱门口等我，然后带我吃饭。第二次见他是在两天以后，他打电话叫我吃饭。吃饭的时候问我要不要合伙跑运输，我说先休息一阵子……

我打断了他：你直接告诉我，去他家那次之前，他有没有跟你提出过合伙做生意的事情就可以了。

他摆了摆手：你不要打断我，听我慢慢说。

我感到有些意外，但还是没有打断他。

于是我听他重新叙述了一遍经过，最后他说道，去被害人家那次之前，被害人已经跟他商量过合伙做买卖的事。

然后他又补充了一句："没错，就是这样。"

我：那么，他跟你谈合伙做买卖的事情，是你们第几次见面的时候？

被测人：让我想一下，第一次见他是在出狱当天，他在监狱门口等我，我们去饭馆吃了个饭。然后第二次见他是两天以后，他打的电话，吃饭的时候他问我要不要跟他合伙……

我耐着性子又听他重新叙述了一遍。

他在重新陈述完一遍后，说道："第二次，应该是第二次见面的时候跟我谈过跑运输的事情。"

我：第三次你去他家时，你俩喝酒了是吗？

被测人：对，是。

我：那么你是几点离开他家的？

被测人：下午四点多钟吧。

我：那么你大约是几点钟到他家的？

被测人：我是下午四点离开的，睡觉的话……嗯……我应该是一点钟到他家的吧。

说完这些，被测人深深地呼了一口气。

我：累吗？

被测人：……

……

在这段对话中，被测人采用的刻板化陈述，就是严格按照时间顺序进行陈述。

当时间顺序被打乱时，他就不能很好地进行思考和处理，他只能选择回到开始的时间，然后一点一点地按照时间顺序重新叙述谎言。

因为他的陈述所依靠的并非记忆，而是依靠推理和想象。

所以，在测谎实践中，许多被测人的陈述往往不够有条理，甚至有些混乱，但这也并不能说明，他们的陈述就是不真实的。

依据这一原理，一些侦查和审讯的书籍中，也经常会提到一种经验丰富的讯问专家所使用的方法，这种方法也被称为“倒序陈述法”。要求陈述者将整个事情经过按照时间顺序进行详细的陈述。之后，在陈述者完成陈述后，再要求陈述者将整个事情经过按照时间顺序进行倒叙。

如果陈述者在进行倒叙时，依然能够顺利地完成陈述，则倾向于认为陈述者的陈述是真实的。相反，如果陈述者在进行倒叙时，无法顺利地完成陈述，则倾向于认为陈述者的陈述内容是虚假的。

陈述有效性技术（SVA）：用于评估陈述可信度的心理学技术

在本书前面的部分，我强调了不能低估说谎者伪装的能力。在这一部分，我们来关注一项专门用于评估陈述可信度的心理学技术——陈述有效性评价技术（SVA，以下简称 SVA）。

SVA 是目前用于评估言语陈述真实性的常用心理学技术之一。在一些国家，SVA 已经成为性侵犯案件中，决定儿童证言可信度的专门技术。

SVA 提供了许多种评估指标，用于帮助使用者评估陈述内容的可信度。心理学家依据这些指标，对陈述者陈述的内容进行分析，以综合研判所陈述内容的真实性。

在这一部分，我们将对 SVA 使用的这些评估指标进行阐释。

指标一：逻辑结构。这个标准的内涵比较简单，如果陈述符合逻辑，那么可信度自然较高。如果陈述的内容连基本的逻辑都不符合，可信度自然会大打折扣。

指标二：无组织的叙述。如果整个陈述的内容，不是以一种标准化的结构和时序性表达出来的，那就符合“无组织的叙述”这一指标。

接下来，举例来说明这一指标的内涵。

当一位女士发现自己的钱包被偷了，她在第一时间会以一种混乱的、无组织的方式向警察进行陈述。

她的陈述如下：

“我的钱包被偷了，里面有我的身份证、银行卡还有现金。我的天，我该怎么办？我半个小时以前逛商场，当时买衣服结账的时候钱包还在，都好好的。刚才我走出大厦想买一瓶水喝。我的身份证、银行卡和现金都在钱包里，然后我的钱包不见了……我记得我出大厦以前，跟一个女的撞了一下，当时没啥感觉，现在想想，钱包应该就是她偷的。就是一个个儿不高、瘦瘦的一个女的撞的我。我当时买衣服的时候钱包还在的……我的银行卡和身份证都丢了，我为什么这么倒霉？”

针对被害人陈述，我们稍加留意，就会发现她的陈述是以一种无组织的方式表达的。被害人初次陈述时往往会反复无条理地插入叙述自己遭受了什么侵害。在办案实战中，有时需要办案人员反复劝说，被害人才能平静下来。

如本案被害人开头陈述：

“我的钱包被偷了，里面有我的身份证、银行卡还有现金。我的天，我该怎么办？”

这是事情的核心内容，也是事情的结果，被害人放在最开始进行陈述。

然后，她的陈述又回到了起点：

“我半个小时以前逛商场，当时买衣服结账的时候钱包还在，都好好的。刚才我走出大厦想买一瓶水喝。”

紧接着，她又重复了一遍事情的核心部分：

“我的身份证、银行卡和现金都在钱包里，然后我的钱包不见了……”

接下来，她开始重新回忆当时发生的事情，并开始进行分析：

“我记得我出大厦以前，跟一个女的撞了一下，当时没啥感觉，现在想想，钱包应该就是她偷的。就是一个个儿不高、瘦瘦的一个女的撞的我。”

最后，她又再一次重复了事情的核心部分，并发表感慨：

“我当时买衣服的时候钱包还在的……我的银行卡和身份证都丢了，我为什么这么倒霉？”

所以，“无组织的叙述”成为 SVA 评估陈述真实性的一项指标。

但在应用这一指标时，我认为必须应当注意两点。

第一点，陈述的形式可以是无组织的，但是陈述的内容必须是内部一致的。

比如，上述陈述尽管看似混乱，但陈述内容之间是不存在相互矛盾之处的。如果陈述不仅在形式上是无组织的，在内容上也是存在矛盾的，那么就不能轻易认定其陈述的真实性。

第二点，在应用这一指标，对陈述的真实性进行判断时，必须考虑这是陈述者的第几次陈述。

这是因为，随着陈述次数的增加，陈述者的陈述内容毫无疑问地会变得越来越有条理，时间的脉络也会更加清晰。

比如，上面所说的这位钱包被偷的被害人，在办案人员向其多次询问后，她的陈述很可能会变成这样：

“那天我去逛商场，逛了半个小时左右吧，然后我在那里买了一件衣服，就往外走。走到门口跟一个女的撞了一下，应该是她把我的钱包偷走了，然后我走出了商场去买一瓶水，掏钱的时候发现钱包被偷了。然后我就报警了。”

这段陈述已经变成了按照时间顺序的条理陈述，因为陈述者已经进行了多次陈述。

再比如，强奸案中的被害人，由于遭受了对其产生强烈心理冲击的应激性事件，所以许多被害人的陈述是混乱和缺乏条理的。但在陈述多次后，她们的陈述也会逐渐变得非常有条理。

此时，我们不能仅仅因为陈述反常地有条理和清晰，就轻易否认陈述的真实性。我们首先一定要明确，这是被测人的第几次陈述。如果被测人之前已经对办案人员进行了多次陈述，那么“无组织的叙述”这一指标将不再适用。

指标三：细节的质量。如果一件事情是捏造出来的，那么陈述者往往并不愿意去过多地陈述细节。

道理很简单，因为陈述的细节越多，露出破绽的可能性就越大，陈述内容之间出现矛盾的可能性也就越大。

另外，陈述的细节越多，说谎者所需要承担的认知负荷也就越大，因为说谎者必须记住自己所陈述的细节，以免出现矛盾和漏洞。

事实上，说谎的陈述者之所以不愿意过多地去陈述事情的细节，一个更重要的原因在于，说谎的陈述者会担心，在他向办案人员或者测谎师陈述了这些编造的情节后，对方会去对这些情节的真实性进行检查。

如果一旦对方通过检查后发现，他所陈述的那些事情的细节都是假的，那么说谎的陈述者将很难应对这一困境。

正因如此，SVA 将“细节的质量”作为评估陈述真实性的指标之一。如果陈述内容中包含了丰富的细节信息，就满足了这一指标的要求。

指标四：交互行为的描述。这一标准是指，如果在陈述者的陈述内容中，包含了陈述者与犯罪者、被害人或者是目击证人之间的交互行为，就满足了这一标准。

举例来说，在一些特定的犯罪类型当中，嫌疑人与被害人会出现较多交互行为，比较典型的是绑架和拐卖等类型的犯罪。

如果是这些特定类型的案件，在当事人的陈述中却根本没有与被害人或嫌疑人的交互行为（如相互之间的言语对话和其他互动），那么该当事人陈述的真实性就是值得怀疑的。

指标五：意想不到的复杂化。这一标准是指，如果在陈述者的陈述内容中包含了一些意想不到的因素，导致整个事件变得复杂了，那么就满足了这一标准。

举例来说，一名嫌疑人供述：

“我又打了他几棍子，他就躺在床上不反抗了，嘴里说让我饶了他，他服了。但是当时我已经不受自己控制了，我感觉跟我喝了那些酒也有关系。我觉得我把他揍了还是不解气，我还想让他再吃点苦头。然后我就想到把他的屋子给点了，他哀求我，但是我不理会他。我就掏出我身上的打火机，走到床边，准备拿打火机去点他的床单。结果偏偏就是那天，我的打火机没火儿了，我弄了半天也没打着火。我于是就问他，打火机在哪儿。他说他家里没有打火机。我不信，我就自己翻抽屉找，然后在他家的一个抽屉里找到了一个打火机。结果我试了一下，这个打火机还是打不着火儿。我就非常生气，拿起棍子又打了他几棍子，然后我就走了，最后也就没点他家的屋子。”

在嫌疑人的这段供述中，出现了打火机几经尝试，依然没有打着火儿的意外事件，使得事情出现了意想不到的复杂化。

指标六：异常的细节。这是指，在陈述者陈述的内容中，包含了某些人或物所具备的异常和独特的细节。

比如，一名被害人在陈述中提到：

“那个人虽然讲话很少，但是我还是能听出来他有点口吃。”

再比如，一名被害人在陈述中提到：

“他整个背部都文了一个很大的观音形状的文身。”

如果出现了这些异常的细节，则满足了这一标准。

指标七：主观心理状态。如果陈述者描述了在事情发生时他的主观感觉或想法，就满足了这一标准。

指标八：承认记忆的缺乏。由于个体在感觉、注意、记忆方面所存在的固有局限，决定了个体不可能对某一事件的所有信息均保存良好的记忆。所以，个体在对某一事件进行回忆时，不可避免地会出现对一些事件相关信息的记忆缺失。

但我们也需要注意，记忆的缺失也是存在“限度”的。如果陈述者对于大量的关键情节均承认存在记忆的缺失，也应当引起我们的注意。

另外，如果陈述者对于事件中的一些无关紧要的情节存在清晰的记忆，对那些关键性的情节却均称已经遗忘或没有注意，那与“承认记忆的缺失”是存在本质区别的。

指标九：自发改正。这一标准是指，陈述者在陈述的过程中，会自发地纠正自己在先前的陈述中出现的一些表述错误。

其中，比较常见的自发纠正有：

“那天早上是八点多钟吧，我俩开车出了小区门口。等一下，让我再想一想……不对，那天应该是九点多钟了，因为我记得当时我家旁边的那个超市好像已经开门了……对，是九点多钟。”

再比如，还有这样的自发纠正：

“当时他已经倒在地上捂着头了，几个人围在他身边正打他呢，打他的人一共三个。啊不对，让我再想一下……当时打他的应该是两个，不是三个。因为那第三个人本来也要过去，但是被老太太给拦住了，所以就是两个人在打他。对，是两个人。”

但是，我们必须牢记一点，并非只要陈述者主动地纠正自己之前陈述中的错误，就满足了这一标准。我们还要明确陈述者出现自发改正的原因，才能准确判断是否满足这一标准。

比如，测谎实践中，在测谎师与被测人进行细致的案情梳理的过程中，说谎的被测人往往会在陈述的过程中出现纰漏。当测谎师向说谎的被测人明确指出陈述中的矛盾之处，在这种情况下陈述者才做出的自发改正，就不能简单地认为是满足了这一标准。

指标十：自我否定。这一标准是指，如果陈述中涉及了自我谴责的细节，就出现了自我否定。

比如，一名盗窃案中的被害人陈述：

“我那天真的是疏忽了，门儿开着呢，我就下楼扔垃圾去了。我们那个楼里住的人特别杂，我丈夫也经常嘱咐我平时多加小心，随时锁门，我还是没往心里去。唉，都怪我，如果我当时能把门关上，家里就不会进贼了。”

指标十一：语境铺垫。这一标准是指，如果陈述者所陈述的内容中，有事件发生的时间、地点，以及行为和行为之间的连接，则满足了这一标准。

以上所列举的这些标准，是陈述内容方面的一些特征。

除此以外，SVA 还提出了一些陈述者个人方面的特征。这些陈述者的个人特征，也可以帮助我们对陈述者陈述内容的可信度进行判断。

第一项特征，是语言和知识的不恰当。

陈述者在进行陈述时，总是会倾向于使用适合于自己的语言和知识。但如果办案人员或测谎师发现，当陈述者在陈述时，所使用的语言或知识已经明显地超出了他所处的年龄段应具备的知识范围，那么此时测谎师应该注意：有可能，其他人对陈述者已经提前进行了干扰。

这一点，在儿童陈述者身上体现得更加明显。

举个例子，在一些儿童遭受性侵害的案件中，遭受侵害的儿童需要回答侵害发生时的情形。

从受害儿童所处的年龄阶段出发，其陈述时的合理表述为：

“然后，就有一团白色的东西，就出来了。”

但如果受害儿童的陈述为：

“然后，就有精液出来了。”

那么，按照 SVA 的标准，这种陈述就是值得怀疑的。

这是因为，从受害儿童所处的年龄阶段和知识结构看，她不太可能在这个年龄段已经学习到那团东西叫作精液，她的陈述方式还是更多地依赖于事物的外部形象，即“那团白色的东西”。

如果受害儿童在陈述中出现了这些异常的说法，那么不排除这样一种可能，即其监护人或其他人，可能通过一些方式对受害儿童的陈述施加了影响。

第二项特征，是感情不适当。

这一项特征是指，个体在陈述时所表现出的情绪或情感与个体所陈述的内容之间，明显存在不协调。

这一点其实很好理解。在很多的影视剧中，我们会看到经验丰富的办案人员通过细致的观察，锁定了死者的丈夫就是真正的作案人。

因为这名丈夫在陈述自己的妻子被人杀死的过程中，尽管言语上表达了自己内心万分难过，但面部的表情和身体的动作却出卖了他，他流露出了与陈述内容相矛盾的情绪。

这种情况有时也被这样形象地描述：

“他说，他活不下去了。但当他开口时，却禁不住露出了微笑。”

第三项特征，是受暗示性。

陈述者的受暗示性，是访谈者必须引起充分注意的一个问题，因为暗示的力量太过强大，大到可以在很大程度上直接造成陈述者陈述内容的变形。如果陈述者本身是儿童，那么这一点更应当引起访谈人员的重视。

每个人受暗示的感受性是不同的，所以访谈者除在与陈述者交流的过程中，尽量避免不恰当的暗示给陈述者的陈述内容造成干扰之外，还应当对陈述者的受暗示性做一个评估。

比如，访谈者可以使用一个经过确认的信息，如“事情发生时，受害儿童的奶奶是没有在家的”，然后通过暗示的方法告诉儿童，事情发生的时候，她的奶奶是在家中的。

接下来，访谈者来观察儿童的反应。如果经过访谈者的暗示，儿童开始表述：

“事情发生时，也许奶奶真的是在家的。”

那么，这表明该名儿童的受暗示性程度是很高的，因此儿童陈述的内容也存在较大的歪曲和变形的可能性。

在这一部分的最后，我依然要强调一遍，SVA 作为一种评估陈述可信度的技术，在“识别真话”方面的效果要比“识别假话”好得多。

究其原因，正如我在本书前面的章节所表明的：说谎者的伪装能力，确实是非常强大的。

所以，无论是测谎师，还是其他观察者，在使用 SVA 对当事人的陈述真假进行判断时，一定要抱着慎之又慎的态度来进行。

表情：说谎的线索

在测谎的实践工作中，正确解析被测人的表情，能够有效地帮助测谎师沿着正确的测试方向继续开展工作，并及时发现潜在的测谎点。

也正因如此，认识和解析被测人的表情线索，对于测谎师的测谎工作，起着相当重要的辅助作用。

另外，对测谎师来说，与观察被测人的生理指标反应、言语陈述内容相比，观察被测人表情线索还存在着两个独特的优势。

其一，在测谎实践中，比生理指标变化和言语陈述内容更为直观的，就是表情线索。

测谎师在与被测人进行谈话前，在给被测人佩戴相应的测谎传感器之前，就能一目了然地看到被测人的表情。从这个方面来看，观察被测人的表情线索具有方便性。

其二，表情线索虽然可以伪装，但很多时候，表情其实都是下意识地做出的，除非经过一定的练习，否则很难伪装得滴水不漏。

保罗·艾克曼教授是美国著名的说谎心理学家，他在情绪和微表情方面进行了大量研究，并取得了一系列创造性的成果。鉴于此，在这一部分，我们将艾克曼教授论述的关于说谎的表情线索部分做一下简单梳理，以期给测谎师提供帮助。

艾克曼教授所提到的第一个说谎的表情线索，就是微表情。

这种表情的呈现时间非常短，不到四分之一秒。但应当强调的是，这种表情的呈现是完整的，只是在呈现时间上被极大地压缩了。

也正因如此，如果不经过系统的训练，测谎师将很难对微表情进行高速的捕捉。更可能出现的情形是，测谎师还没有清楚地捕捉到某个微表情，它就被其他的表情迅速掩盖了。

艾克曼教授以玛丽的例子来说明微表情在谎言识别中的重要作用。

玛丽是一名精神病人，她告诉医生她情绪已经好了很多，不再感到忧郁沮丧，想要与家人团聚。但实际上，这只是她为了能够自杀而向医生说的一个谎。

在以慢镜头回放玛丽与医生的谈话录像时，可以发现玛丽的脸上迅速闪过极度忧郁的表情，然后迅速地变成了笑容。而这个转瞬即逝的微表情，就成为其说谎的重要表情线索。

但对于测谎实践来说，使用微表情有时也可能存在一些困难。

一是微表情的持续时间太短，如果观察者稍不留意或未经过系统训练，就很难迅速准确地捕捉到这些微表情。

诚然，测谎师可以在对被测人的测谎结束后回看录像，通过录像慢放，开始重新认真地捕捉被测人在测谎过程中出现的各种微表情。

但测谎更多的是一个测谎师与被测人即时互动的过程，表情线索的作用更多地体现在帮助测谎师判断测谎下一步的进行方向，以及及时发现新的测谎点。

如果在测谎结束后，再重新回看捕捉微表情，无疑会使得表情线索对于测谎的作用大打折扣。

二是微表情出现的频率有时并不高。也许在一整段陈述中，陈述者始终都没有出现微表情，这也在一定程度上影响了微表情在测谎实践中的有效性。

艾克曼教授提出的第二种说谎的表情线索，是碎表情。

所谓碎表情，就是指当一个人意识到某种表情将会泄露其内心活动时，马上中断了该表情。

我们把微表情和碎表情做一下对比就会发现，微表情虽然在呈现时间上非常短，但它却进行了充分的展露。换句话说，它是一个完整的表情。

但碎表情则不同，碎表情并没有完整地呈现，只是呈现了部分，所以它更像是一些局部的表情碎片。

不过，与微表情相比，碎表情也具有其自身的优势，那就是持续时间要长于微表情，并且为何表情被中断，也值得观察者进行更深的思考。

我曾经在一次测谎中，意外地捕捉到了被测人一个反常的表情。

这起案件中，被测人的前夫被人杀死。办案人员经过排查，认为被测人有与凶手合伙作案的重大嫌疑，但被测人始终予以否认。

于是，案件承办人委托我们通过测谎来帮助判断，被测人究竟有没有参与合谋杀害自己的前夫。

在测前谈话阶段，我们与被测人有这样一段对话。

测谎师：你们两个人是什么时候离婚的？

被测人：一年半以前吧。

测谎师：当时是怎么回事？

被测人：性格不合，平时也没怎么相处，就分开了。

测谎师：你们两个在一起多长时间了？

被测人：也得三年多了。

测谎师：你们之间关系怎么样？

被测人：挺好的，本来也没什么矛盾，离婚了以后有时还会相互帮忙和照顾。

……

这只是一段很普通的谈话，但当测谎师询问被测人与前夫的关系怎么样，被测人回答“挺好的，本来也没什么矛盾”时，被测人的鼻子迅速地皱了一下，一侧的上嘴唇迅速地动了一下，很快又换上了微笑的表情。

这个皱鼻子的动作和动嘴唇的速度非常快，但是动作的幅度很明显，所以尽管我并未有意盯着被测人的脸进行观察，却依然留意到了这个表情。

按照艾克曼教授的观点，皱鼻子的动作，再加上抬动上嘴唇的动作，呈现出的是一个厌恶和蔑视的表情。

那么被测人回答时会出现这种表情，不由得让测谎师怀疑：她对二人之间的关系，也许是存在不满意，甚至是厌恶和反感的。

艾克曼教授提到的第三个表情线索，是面部不随意肌的运动。

我们面部的肌肉，有些比较容易进行有意识的控制，但有些肌肉则不太容易进行控制。也正因如此，那些不太容易控制的面部肌肉，极有可能泄露出个体隐藏的真实情绪和心理活动。

按照艾克曼教授的观点，不随意肌肉的主要活动部位是在额头。换句话说，额头部分的肌肉，我们并不能很轻松地进行控制。

比如，在悲伤的表情中，眉毛的内侧角耸起，会使得上眼皮呈现三角形，并在额头中央产生皱纹。但这个动作并非每个人都能轻易做出。在艾克曼教授所主持的一项实验研究中，只有不到 15% 的被试，能够随意做出这一动作。

也正因如此，如果个体呈现出了虚假的悲伤表情，那么观察者可以通过留意其不随意肌的动作变化，来判断该表情的真实性。

再比如，扬起上眼皮和紧绷下眼皮是恐惧表情的典型特征。尽管眼皮的动作是我们相对比较容易控制的，但如果个体想要掩饰自己的恐惧情绪，眼皮可以恢复正常，而眉毛的位置却不会改变。

艾克曼提出的第四个说谎的表情线索，是表情的不对称。

如果是发自内心的真实表情，那么两边脸上的表情很少会出现不对称。如果是故意伪装出来的，那么两边脸上的表情就会出现不对称。

比如，艾克曼在实验中发现，厌恶时鼻子会皱起，恐惧时嘴角会向后拉。但是，如果一个人想故意装出这两种表情，那么他右脸的动作将会更大些。

除此以外，观察者能否有效地判断出陈述者的表情是否对称，也是一个非常重要的问题。

这是因为，如果必须通过仪器精确地进行度量，才能确认个体的表情是否对称，那么这一表情线索的实用性必将大为降低。

但艾克曼的研究同时也发现，我们在判断一个人面部是否对称时，会表现出非常好的判断能力。

艾克曼提出的第五个说谎的表情线索，是表情持续时间。

艾克曼认为，那些长时间表情，差不多都是假的。而真正由衷而发的真实情绪，大多只能在个体的脸上停留几秒钟。换句话说，表情的持续时间，比我们想象的要短得多。

表情持续时间过长，在日常生活中其实也随处可见。

比如，一个人正在给你讲一个笑话，尽管这个笑话你之前已经听别人讲过，但你看他兴致勃勃，不忍心拂了他的兴致，于是装作之前从没有听过这个笑话，专心致志地听他讲。等他讲完笑话，你只能很配合地开始笑，但你笑得很生硬，并且你也不知道你的笑应该持续多长时间。所以最后，你的笑容就一直停留在了脸上，不像真实的笑容那样，可以呈现出一个自然的消退过程。

这就是一个典型的虚假的笑容。

艾克曼提出的第六个说谎的表情线索，就是表情的相对顺序。

具体来说，表情、言语和行为动作出现的先后顺序，可以帮助观察者判断对方的表情是否真实。

比如，当你感到生气时，你可能会大喊一声“我生气了”，然后猛地站起身敲打一下桌子。这表明你的表情、言语和行为动作是存在出现顺序的。

但是，当一个人猛地站起身敲打了一下桌子，然后脸上才慢慢出现生气的表情，那么这个表情的真实性就是让人值得怀疑的。

相类似的，如果你大骂一声“我生气了”，然后脸上才逐渐浮现出生气的表情，那么这个表情的真实性，同样也是让人值得怀疑的。

这一线索在实践中有着比较好的实用效果。其原因在于，单纯对于一些表情来说，说谎者可能会有意识地通过练习来伪装表情。但由于“相对顺序”这一线索涉及陈述者表情、言语和行为动作这三者的配合，所以对于说谎者来说，伪装的难度就要变得大许多。

简单来说，在进行虚假的陈述时，如果表情、言语和行为动作这三者的配合稍有差池，就可能会暴露出极为明显的说谎线索。

以上所梳理的，是艾克曼教授关于表情的说谎线索的一些研究成果。如果测谎师能够在测谎实践的过程中熟练地运用这些表情线索，应当会给整个测谎带来相当程度的帮助。

注意：“第二把凶器”

测谎师在明确测谎思路、编制测谎题目的过程中，总是会站在被测人的角度，来尽量还原事情发生时的情景。

于是，测谎师经常会这么问自己：如果我就是被测人，那么在事情发生的时候，我能看到什么？我能听到什么？

这些问题，其实也可以还原为一个问题：如果我就是被测人，那么在当时，我能注意到哪些东西？

尽管测谎测的是人的心理痕迹，但被测人要形成心理痕迹，前提就是要进行“注意”。

注意，与感知觉、记忆、思维等一样，都是认知心理学的重点研究领域。鉴于“注意”在测谎中占据着绝对重要的位置，测谎师不应局限于对“注意”现象的日常理解，而应当从认知心理学的层面，对“注意”进行更深一层的探究。

按照日常的生活经验，我们会发现，注意是有选择性的。

比如，一间房屋内可能有成百上千件不同的物品，但我们可以对其中的部分物品进行有选择的注意。

那么，我们是如何进行选择性注意的？

在比较早的时候，许多人认为，由于我们的注意有高度的选择性，所以只有被注意到的信息才能进入我们的意识，没有注意到的信息是不能进入我们的意识的。

为了证明这一观点，心理学采用了“双耳分听”这种研究范式来进行验证。

简单来说，“双耳分听实验”就是给被试佩戴一副耳机，其中左耳和右耳分别播放不同的内容。实验开始后，耳机的左耳和右耳开始播放不同的内容，实验主持者会要求被试注意听其中一只耳朵听到的内容（这只耳朵被称为“追随耳”），同时告诉被试忽略另一只耳朵听到的内容（这只耳朵被称为“非追随耳”）。

实验结果发现，被试能够从非追随耳听到的信息很少，甚至当非追随耳播放的内容改变了语言种类，或者颠倒顺序时，被试都完全没有发觉。

心理学的这一实验似乎证实了我们一直以来的假设，那就是，只有注意到的信息才能进入我们的意识，没有注意到的信息是不能进入我们的意识的。

在此基础上，心理学家提出了“过滤器模型”。这种模型认为，我们个体的神经系统，在信息加工方面的容量是十分有限的。比如，我们每时每刻可能会面对成千上万的事物和刺激，但由于我们个体进行信息加工的容量有限，因此只有其中很少一部分信息能够引起我们的注意。

那么，如何引起我们的注意？“过滤器模型”认为，外界的信息和刺激通过视觉、听觉、触觉等各种感觉通道进入神经系统。在我们的神经系统中，存在着一个过滤器机制，能够过滤掉大部分信息，只能让小部分信息获得通过。这些能够通过的小部分信息，就能够得到进一步的加工，进入我们的意识领域，引起我们个体的注意。

而那些没有通过过滤器机制的信息，就被阻断在意识之外，不会引起我们的注意。

这一理论与我们的日常经验非常相符，但很快心理学又通过新的研究，发现了这种理论存在的缺陷。

心理学家又进行了一个新的双耳分听实验。在这个双耳分听实验中，主持实验者依然要求被试去认真听“追随耳”中播放的内容，忽略“非追随耳”中所播放的内容。

但这次实验与之前的不同之处在于，在“非追随耳”的播放内容中，主持实验者加入了被试的名字。

之所以要在“非追随耳”中加入被试的名字，是因为我们每个人的名字，对于自己而言，都会具有特殊的意义。

比如，“鸡尾酒会效应”，就是指在声音非常嘈杂的鸡尾酒会上，我们会对周围嘈杂的声音充耳不闻。但如果此时有另一个人在旁边提到了你的名字，你会立即注意到，并且朝说话人的方向看过去。

这项实验结果显示，被试依然没有注意到“非追随耳”中播放的绝大部分内容，但他却从“非追随耳”中听到了自己的名字。

换句话说，这次的被试注意到了“非追随耳”中的一些刺激。

于是心理学家开始反思：非追随耳的信息也许并没有完全丧失，而只是衰减了而已。

换句话说，我们的注意机制也许并不是一个要么通过，要么不通过的“过滤器机制”，它更可能是一个“衰减器机制”。

也正是基于此，心理学家提出了“衰减器模型”。这一模型认为，我们注意系统的过滤器并不是按照“有或无”的方式来对各种感觉通道接收到的刺激信息进行筛选。实际上，我们注意系统的过滤器，只是对于感觉通道接收到的刺激信息进行了减弱和抑制而已。

也正因如此，那些对个体具有重要意义的，以及其他特殊的刺激信息，经过减弱后，依然能够被我们注意到。

我们可以发现，不论是“过滤器理论”还是“衰减器理论”，都把我们个体的注意过程看成一个“漏斗”。外界的刺激信息如果要想引起个体的注意，就必须通过这个“漏斗”。

也正因如此，这两种理论也被称为“通道理论”。

但随着认知心理学的迅速发展，心理学家开始提出这样的想法：我们的注意过程真的是一个过滤筛选的过程吗？注意过程会不会是一个我们自主分配自身认知资源的过程？

在此基础上，心理学家提出了一种全新的思想，那就是注意的认知资源理论。

认知资源理论认为，我们的注意机制，也许并不是一个单纯的过滤或衰减的通道。外界输入的刺激信息本身，并不会自动地去占用我们个体的认知资源。我们个体的认知系统中，有一个机制会专门负责对我们的认知资源进行分配，从而使得我们能够根据不同的情景和需要，灵活地把我们的认知资源分配到更为重要的刺激信息上。

越复杂的刺激，就会占用越多的认知资源。比如，当个体在解决一道复杂的高数题目时，其所占用的认知资源，一定比解决一道简单的算术题要多。

越新异的刺激，也会占用越多的认知资源。比如，当班级里突然出现了一名新同学时，也会占用个体更多的认知资源去对其进行注意。

越具有威胁性的刺激，也会占用越多的认知资源。比如，当个体站在悬崖峭壁旁边，必然会调用大量的认知资源来提高注意力，以防止自己摔下去。

同时，每个人的认知资源的总量是有限的。如果个体的认知资源已经用完，就没有办法再对其他的刺激信息进行注意。

到目前为止，我所梳理的，是心理学对个体的注意机制提出的各种理论上的构想和验证。

你可能会说，那只是理论而已。理论总是要应用于实践，才能彰显它的生命力。

我以一个例子，来说明"注意"的心理学理论是如何在司法实践中进行应用的。

嫌疑人与被害人因为生意上的纠纷，相约在一偏僻处来个彻底解决。见面后，双方发生了激烈的冲突。冲突过程中，被害人被刀砍伤。

对于伤情鉴定的结果，双方是没有异议的。但双方对于当时情况的描述之间存在的分歧，却引出了案件承办人关于"第二把凶器"的怀疑。

按照嫌疑人的供述，嫌疑人与被害人因为生意上的纠纷产生了矛盾。案发当天，被害人给嫌疑人打电话，双方约在一处偏僻公路旁见面，彻底解决一下双方的矛盾。

为了防止自己吃亏，嫌疑人随身携带了一把匕首，并叫上了自己的司机。

等嫌疑人和司机到达约定地点后，被害人已经等在那里。双方理论了一段时间，随后爆发了肢体冲突。被害人从怀里掏出了一把刀，嫌疑人见状，也从身上摸出了匕首。

二人在厮打的过程中，嫌疑人用匕首刺伤了被害人的胳膊、腿等多处。被害人倒地，嫌疑人见状，与司机迅速开车逃离了现场。

所以，依照嫌疑人和司机的说法，案发当时的刀有两把，一把为嫌疑人持有，另一把为被害人持有。

但被害人陈述，那天他与嫌疑人相约一处厂子旁边解决矛盾，自己一个人前往，身上也根本没有带刀。嫌疑人和司机到达现场后，根本就没有与他谈判的意思。嫌疑人直接就从身上掏出一把匕首，司机随后也从车后备厢内拿出一把刀。

所以，依照被害人的说法，案发当时确实有两把刀，一把为嫌疑人持有，一把为嫌疑人的司机持有。

然而，通过现场勘验，只找到了一把刀。经过嫌疑人与被害人的辨认，明确了这把刀是嫌疑人当时携带的刀。

那么，究竟是否存在第二把刀？

如果存在，第二把刀又是谁带去的？

于是这起案件被委托到了测谎实验室。

测谎师与这名被害人有过这样一段对话。

测谎师：那天的事情，你现在还能记得清楚吗？

被测人：能。

测谎师：那件事情是什么时间发生的？

被测人：中午吧，一点钟左右。

测谎师：你们是谁提出到那个地方解决矛盾的？

被测人：我提的。

测谎师：你是怎么到那个地方的？

被测人：我开车过去的。

测谎师：有其他人跟你一起吗？

被测人：没有，就我自己。

测谎师：车上有准备什么东西吗？

被测人：没有。

测谎师：你们谁先到的？

被测人：我先到的，过了十分钟他们到的。

测谎师：他们来了几个人？

被测人：两个，还有一个是司机。

测谎师：他们下车后，与你有对话吗？

被测人：应该是没有对话，就是一边走过来一边骂我。

测谎师：然后呢？

被测人：然后我就跟他说我们能不能好好谈一谈，老这样不是办法。

测谎师：接下来呢？

被测人：他从怀里掏出一把刀，就冲我直接走了过来。

测谎师：嗯，你把你当时看到的情景跟我如实地说一下。

被测人：好的。当时他离我越来越近，突然把手伸进怀里，然后掏出一把刀来，举着刀就朝我过来了。我一看吓坏了，没防备，因为我就一个人。这时我看到他的司机也回身打开了汽车的后备厢，然后从后备厢里也拿出了一把刀。这把刀比之前那把刀要长一些。这时他已经拿着刀走到我跟前了，我就往后退。

测谎师：对方都有谁拿刀了？

被测人：他拿刀了，他的司机也拿刀了。

测谎师：你看到他的司机拿刀了吗？

被测人：看到了。

测谎师：什么时候看到的？

被测人：就是他拿刀朝我走过来的时候，我看到司机在开后备厢，然后拿出一把刀来。

测谎师：你受的伤是谁造成的？

被测人：他造成的。

测谎师：那他的司机砍你了吗？

被测人：我不清楚，没看清。

测谎师：司机的那把刀后来哪里去了，你注意到了吗？

被测人：没有，应该是被他带走了。

……

如果对注意的认知理论有所了解，测谎师就会从这段谈话中发现一个问题。

这个问题，在司法心理学中也被称为“武器聚焦效应”，但从本质上来说，这也是来源于注意的认知资源理论。

我们先来看“武器聚焦效应”的内涵。它是指当场景中出现匕首、枪等武器时，个体的所有注意力都会集中在武器上，而忽略对其他刺激信息的注意。

心理学领域相关的眼动研究也发现，由于武器的出现，个体的注意力从其他事物上转移到了武器上，从而极大地降低了个体对场景中其他刺激的关注。

之所以会出现“武器聚焦”，很大程度上就是因为，“武器”作为一个突然出现的新异刺激、威胁性刺激，必然会迅速地占用个体的大量认知资源，从而使个体有能力对该刺激进行最大程度的注意和关注。

但也正因为对“武器”的聚焦耗用了个体大量的认知资源，使得个体再也没有足够的认知资源能够分配到对其他刺激信息的关注上。

回到这个案子上来，测谎师在向被害人询问案件细节时，被害人称当嫌疑人持刀向他走过来的时候，他还看到嫌疑人的司机到汽车的后备厢拿刀，这就明显有违我们注意的一般规律。

当被害人看到嫌疑人从怀里掏出一把刀，冲自己走过来，在那一刻，这一刺激将会占用他所有的认知资源，他必须调动所有的认知资源来关注和应对这一刺激。

而在通常情况下，此时发生的其他事情，被害人应当是很难进行及时察觉和注意的。

事实是，被害人说谎了。

人格：当测谎师遇见弗洛伊德

任何一个对心理学稍有涉猎的人都知道，弗洛伊德在心理学界享有崇高的地位。他创建了精神分析学派，开创了精神分析治疗方法，提出了潜意识、力比多等在当时看来是惊世骇俗的新概念，形成了一整套庞大的心理学理论。

应当说，直到今天，其思想依然推动着整个心理学学科的发展。

当测谎师遇见了弗洛伊德，实际上就是当理论遇见了实践，要思考的是理论如何应用于实践。

对于测谎师来说，对被测人的人格结构进行分析，是一种习惯，也是一种基本的能力。

因为，只有对被测人的人格结构进行正确的分析，测谎师才能了解被测人到底是一个什么样的人，他会看重什么，会关心什么，会害怕什么，又会忽视什么。

这些，都会对测谎师的测谎产生重要的辅助作用。

而测谎师要对被测人的人格结构进行分析，就不得不提到弗洛伊德。

在弗洛伊德的精神分析人格理论中，有三个重要的概念，构成了精神分析学派人格理论的重要基石。这三个概念，就是本我、自我和超我。它们共同构成了我们的人格。

所谓本我，是指我们人格中代表本能的部分，它包含了我们各种各样的原始欲望，如性、食物、睡眠等。本我是依据“快乐原则”进行活动的，它完全不顾善恶，也不理会社会规范，只要是它需要的，它就要得到。

如果一个人的本我过于强大，他就会为了实现欲望不择手段，甚至很可能会做出一些危害他人和危害社会的行为。

超我则是指我们人格中代表道德的部分，也就是我们平时所说的良心。它是在我们的成长经历中，通过父母的言传身教和我们自己对社会规范的内化学习而逐渐形成的。超我是确保我们具有道德感和责任心，并能够做出一系列亲社会行为的基础。

但是，一个人的人格中，如果超我非常强大，他会无法面对和接受自己出现的各种错误，产生强烈的对内攻击，最终可能诱发多种心理疾病，甚至可能会导致自杀现象的出现。

自我是我们人格中负责处理现实问题的部分，也是夹在本我和超我之间的部分。一方面，本我驱使个体去满足自己的欲望；另一方面，超我警告我们不能去违背道德和良心。于是，自我就在其中，对二者的矛盾进行调和。

一个人的人格中，如果自我非常强大，它会很好地倾听本我和超我的诉求，然后采用一种符合社会规范要求的方式，既不违反超我的要求，又可以实现本我的欲望。

举个例子。

当你看到商店里的一件衣服十分漂亮时：

你的本我会催促你：

“我想要那个东西，快去抢过来！”

你的超我会警告你：

“你这么做是违法的，也是不道德的，你不能拿那件衣服！”

你的自我会在中间做协调：

“衣服是要拿的，但不是通过抢的方式，我们可以通过劳动的方式赚了钱，再来买这件衣服。这样，既满足了本我的需要，又符合超我的社会规范的要求。”

之所以在这里铺陈这么多的文字来详细说明三者的联系和区别，是因为在测谎实践中，应用这种“三我人格结构”的理论思路对被测人的人格特征进行分析，对测谎师来说确实是一种很实用的方法。

而这种方法，在测谎结束后的谈话阶段，经常可以起到意想不到的效果。

举例来说，如果被测人是一个本我很强，自我和超我相对较弱的人，那么，你与他大谈特谈做人要有道德，做错了事要勇于承担责任，估计并不会起到好的效果。因为他的超我非常弱小，他的原始欲望——逃避惩罚，占据了一切。

但如果被测人是一个超我很强，而本我和自我较弱的人；当他做了违法的事情后，他的内心已经遭受了良心和道德的谴责。如果测谎师继续强化对他的道德谴责，最终会适得其反。

因为这会导致被测人过度的良心和道德谴责，使得他无法接受自己实施了犯罪行为的事实，从而丧失了直面自己罪行的勇气。

下面我举一个例子。在这个例子中，测谎师就通过对被测人人格的准确分析，帮助被测人卸下了沉重的心理负担，最终重新接纳了自己。

这是一起性犯罪案件。

性犯罪是很特殊的一类犯罪。也许公众可以原谅一个人在激情状态下的杀人，或在窘迫状态下的抢劫和盗窃，但却很难原谅一个人在任何状态下的性犯罪。人们常常将性犯罪与人品和道德紧密联系在一起，这使得性犯罪在某种程度上变成了一个标签，谁被贴上了这个标签，将很难再摘除。

这起案件的被害人是一名小女孩，而嫌疑人与被害人的爷爷是多年的好朋友。

嫌疑人退休前是村里的小学老师，按照周围邻居的评价：他这人挺老实的，话不多，也不惹事，平时就下个棋，要不就在家待着，不太在外面闲逛。嫌疑人有一对儿女，儿媳妇已经给他生了个孙子，小女儿也已经给他生了一个小外孙女。

按照被害人小女孩的陈述，案发当天中午，嫌疑人到被害人家中吃午饭，其间嫌疑人还与被害人的爷爷饮了酒。午饭后，被害人的爷爷去屋里睡觉了，嫌疑人后来走到西屋，看到被害人自己在屋里。

嫌疑人对被害人说，让他抱抱，然后就把被害人抱起来放在身上。嫌疑人说要陪被害人一起玩，然后就把被害人的鞋子和裤子脱掉了，用手在她的大腿根儿那里摸。再到后来，嫌疑人就把自己的裤子解开了，一只手摸着被害人，另一只手抓住被害人的一只手往自己的下体放。

后来，当小女孩见到妈妈后，把这件事告诉了妈妈，小女孩的妈妈又把这件事告诉了小女孩的爷爷，于是全家人报了警。

而按照嫌疑人的供述，案发那天中午，被害人的爷爷邀请他到家中吃饭，两人都喝了不少酒。午饭后，被害人的爷爷跟他说自己顶不住了，就去屋里睡觉了。嫌疑人见他去睡觉了，自己也觉得喝得有些头晕，也就离开了被害人家，回到自己家休息了。

嫌疑人说，他那天根本没见过被害人，没有去过西屋，更没有对被害人做出过猥琐下流的行为。

鉴于此，本案的案件承办人委托测谎师对嫌疑人进行测谎，以核实嫌疑人的辩解是否真实。

测谎师首先采用单目标准绳测试法（CQT）编制了一整套题目。

对这组题目的测谎结果显示：嫌疑人在案发当天中午确实去过西屋，见到了被害人，并且摸了她。

紧接着，测谎师又采用犯罪知情测试法（GKT）编制了数套题目。通过测试，分别明确了嫌疑人对于被害人当时的穿着、被害人被摸的部位等案件情节，是全部知情的。

换句话说，嫌疑人对于当时发生的所有事情，都十分清楚。

以下为其中一道具体的测谎题目，以及被测人的回答。

问：你知道那天中午，她穿了什么颜色的裤子吗？

答：不知道。

问：是红色的吗？

答：不知道。

问：是黄色的吗？

答：不知道。

问：是蓝色的吗？（目标问题）

答：不知道。

问：是白色的吗？

答：不知道。

问：是黑色的吗？

答：不知道。

……

测谎仪的结果显示，被测人在回答“是蓝色的吗”时出现了显著性反应，而被害人那天中午所穿的，恰恰正是一条蓝色的裤子。

如果没有去过西屋，没有见过被害人，又怎么会知道被害人当天穿的是一条蓝色的裤子？

整个测谎结束后，结论是非常清晰的，被测人是在说谎。

但被测人却在测试结束后，满脸愁容地坐在那里，一言不发。

事实上，这次测谎已经取得了明确的测谎结论，明确了被测人所陈述的内容是虚假的，测谎的基本目标已经完成。但测谎师在观察到了被测人一系列异常的行为表现后，思索再三，又在测谎结束后，与被测人进行了下面一段谈话。

测谎师：首先，我要告知你今天的测谎结果。通过今天的测谎结果来看，你在这件事情上对我说谎了，你确实是做了一些不合适的事情。

被测人：嗯。

测谎师：我听说，在这件事情发生之前的几天，你儿子的事情让你挺伤心（案发前几天，嫌疑人曾经跟儿子发生了激烈的争吵，最后儿子说他不可理喻，摔门而去，并对妹妹说以后再也不管嫌疑人的事）。

被测人：人老了，孩子就觉得你是祸害了。

测谎师：看来这件事，确实让你很伤心。

被测人：是啊。

测谎师：那天中午，你们都喝酒了吧？

被测人：对，喝了。

测谎师：酒精这东西，如果沾了，有时候会做出一些清醒时根本不会做的事情。所以，不能因为酒后不清醒做出的一些错事，就完完全全地否定了这个人。那几天你情绪应该也不怎么样吧？

被测人：是啊，其实他也是知道我那几天心情不好，才叫我去他家吃饭的。

测谎师：看来人家也是好意。其实，就算做了一些不道德的、不被人理解的事，有时候是出于压力，有时候也可能就是出于单纯的好奇。

被测人：（沉默半晌）我对不起他们，对不起所有人。说实话，这段时间，我几乎要疯。如果我把这件事说出来，那我的家人会怎么看我，我是个连孙子都有的人了，做这种事，真是给他们丢人。如果我不把这件事讲出来，憋在我心里，我自己就把自己憋疯了，我当了一辈子老师，教书育人，现在昧着良心在这里扯瞎话，我算什么人民教师。

测谎师：我觉得，你无法原谅自己，但你的孩子们其实已经原谅你了，你还是他们的好父亲，你还是一名教师，你还是最疼孙子的爷爷。

被测人：（小声）我已经构成了这种犯罪事实，我确实做了不该做的事情。但我真的不是故意要做出这种事情来的，我真的是老糊涂了……

在这次测后谈话中，测谎师通过准确地对被测人的人格进行解析，并结合之前所获取的被测人相关材料，明确了被测人是一个人格结构中“超我”较强的人。

明确这一点十分重要，因为这表示，被测人最为关注和在乎的，并非遭受牢狱之灾，而是遭受道德和良心的谴责。

具体来说，被测人出现激烈的内心冲突，其实是源于被测人自身强烈的道德感和高自我要求。

通常，我们可能认为，嫌疑人不敢如实陈述自己的犯罪行为，无非就是担心自己会遭受法律的惩罚。

但事实上，作案人不敢如实陈述自己犯罪行为的原因，并不仅限于此。

本案中的嫌疑人之所以纠结于是否陈述自己的犯罪行为，其主要原因就在于自己的超我十分强大。超我强大的人，良心和道德感也会十分强大，所以嫌疑人本身就遭受了强烈的自我谴责。

一方面，他认为自己的犯罪行为会遭到其他人，尤其是家人的鄙视，担心被家人抛弃；另一方面，他的犯罪行为也遭到了来自自我的谴责，尤其是他作为一名人民教师所形成的强烈的道德感和责任感，使得他对自己的行为产生了强烈的厌恶和谴责。于是，他无法接受自己的所作所为，进而否定了自己，无法接纳自己。

在这种情况下，如实交代对他来说是痛苦的，因为这代表着，他要正视自己的所作所为，直面自我良心和道德带来的强烈谴责。

但是，不承认自己的所作所为，对他来说也是痛苦的，因为这代表着他违背了自己作为一名人民教师一直坚持的道德和行为准则，没有实话实说，而是隐瞒说谎。

在本案中，测谎师在测后谈话阶段，就很好地把握住了被测人的主要内心冲突。

一方面，测谎师通过与被测人谈及案发前被测人所遭受的压力，以及案发当天被测人沾了酒精，来告诉被测人即使是一个品德良好的人，也可能因为遭受压力或酒精的麻痹而做出一些不合适的行为。而做出这些不合适行为的原因，有时并非出于恶意，也有可能是出于好奇，从而减轻被测人来自自己良心和道德的谴责。

另一方面，测谎师通过告诉被测人，他的家人对他的看法并没有改变，他周围的人并没有厌恶他和抛弃他，来减轻被测人对于来自他人谴责的羞耻感。

而这名被测人面对测谎师，最终如实地陈述了自己的犯罪行为，也就表示，他终于直面了自己的所作所为，并重新接纳了自己。

记忆：测谎的基础

许多大测谎师曾经说过：所谓测谎，测的其实是个体的心理痕迹。

具体到司法测谎实践中，测谎所测的，其实就是个体的犯罪心理痕迹。

而个体的犯罪心理痕迹，与记忆更是密不可分。

鉴于此，对测谎师来说，必须对“记忆”这一重要的基本心理过程有一个全面透彻的把握和认识。

如果，对于个体记忆的基本过程和基本规律，测谎师不能深入地理解，那么必然会导致对测谎“只知其然，不知其所以然”的情况出现。

每个人都知道记忆是什么，每个人的日常生活和工作也都离不开记忆。

从信息加工的角度来看，我们的记忆可以被分为感觉记忆、短时记忆和长时记忆。这三种记忆共同构成了我们的记忆。

感觉记忆，又被称为瞬时记忆。从这个概念可以看出，这是一种持续时间非常短的记忆，有时甚至是“一瞬间”的记忆。

比如，视觉的感觉记忆，保持时间仅仅在 0.25 ~ 1 秒。这种记忆的形象非常鲜明，但是贮存时间非常短。如果个体没有加以注意，或者没有及时做出进一步的处理，这种感觉记忆就将消失不见。

那么，感觉记忆的容量究竟有多大？

美国心理学家斯波林通过一项心理学实验，对这一问题进行了研究。

对于研究记忆容量的心理学实验来说，通常的做法是，在将字母或数字呈现给被试后，要求被试把记住的东西全部报告出来，或者要求被试尽可能多地把看到的东西报告出来。

这种研究记忆容量的方法，叫作整体报告法。采用这种整体报告法测得的记忆容量，通常为 4 ~ 5 个项目。

但是，这种研究方法存在一个明显的问题，那就是被试在报告他所记住的数字或字母的过程中，实际上也不可避免地在迅速遗忘一些项目。

这就导致，被试所记住的项目，其实要多于被试报告出来的项目。

为了能消除这一误差，从而更为精确地测量感觉记忆的记忆容量，斯波林设计了一种巧妙的报告方法，这种方法被称为部分报告法。

在斯波林这项实验中，他用速示器给被试看了一张写有字母的卡片，字母有 3 行，每行有 4 个字母，总计有 12 个字母。然后，斯波林给每一行字母配上一种特定的声音，这样总共有 3 种不同的特定声音。

当之后被试报告他所记住的字母时，斯波林会呈现一种特定的声音。当被试听到这种特定的声音时，就迅速报告与之相对应的那一行字母。

由于呈现哪种声音完全是随机的，所以就可以用被试对于某一行 4 个字母的回忆情况，来推断被试对于全部 12 个字母的记忆情况。

这项研究的结果表明：个体感觉记忆的记忆容量，平均为 9 个项目左右。

与整体报告法的研究结果相比，感觉记忆的项目数增加了将近一倍。

感觉记忆是一种原始的感觉形式。尽管它的贮存时间非常短暂，但它为接下来记忆的形成，提供了可能性。

当感觉记忆顺利经过个体的进一步加工，就形成了短时记忆。

短时记忆，是处于感觉记忆和长时记忆之间的一种记忆，它的保持时间大约 1 分钟。

短时记忆也是我们在平时的生活和工作中，经常会使用到的一种记忆。比如，当你得到一位重要人物的电话号码时，你一边复述着他的电话号码，一边用笔在纸上记录下来。过了一会儿，你就很难精确地回忆起这位重要人物的电话号码。

对于这个电话号码的记忆，就是一种短时记忆。

依据已有的研究成果来看，短时记忆的记忆容量应当在 5 ~ 9 之间，平均为 7。但需要强调的是，这里的“5 ~ 9”并非指“5 ~ 9”个字母、数字或是单词，而是指 5 ~ 9 个组块。对于不同的个体来说，组块的大小和所包含的内容是不同的。

举例来说，对于一名初学音乐的人来说，他记忆中的一个组块所包含的内容，也许就是一个音符。但对于一位音乐大师来说，他记忆中的一个组块所包含的内容，可能是一整段的旋律，涉及上百个音符。

再比如，在象棋比赛中，一名象棋新手也许仅仅能够回忆起之前几步棋的走法，而一名象棋大师却可以轻松地回忆起之前十几步，甚至几十步棋的走法。

我们知道，个体的记忆水平应当是差距不大的，但为何在这里会出现如此巨大的差异?

原因就在于，象棋大师每一个记忆组块中的内容，要远远地多于象棋新手每一个记忆组块中的内容。

短时记忆的容量是有限的，并且保持时间也相对比较短暂，所以如果不进行复述，信息很快就会从短时记忆中消失，而无法顺利地进入长时记忆之中。

那么，如果阻断个体的复述，短时记忆会按照什么规律被遗忘?

皮特森用三个辅音组成的字母串作为实验材料，进行短时记忆遗忘的研究。在他的这项实验中，当被试识记完成这些字母串之后，立刻要求被试对某一个三位数做连续减 3 的出声运算。

比如，要求被试出声报告“306 减去 3 等于 303”，报告的速度为每秒钟减一次 3，通过这种方法阻断了被试的复述。

这项研究的结果发现，当这种阻断的时间持续到 6 秒时，被试回忆的正确率急剧降低到了 55%。当阻断时间持续到 18 秒时，回忆的准确率降到了 10%。

这项研究的结果充分说明：如果短时记忆中的信息没有能够得到及时的复述，将会以很快的速度迅速被遗忘。

由此也可以看出，复述对于短时记忆的保持，具有非常重要的作用。

如果短时记忆能够顺利地进入长时记忆，那就成了最长可以保持终生的记忆。

长时记忆，是指存储时间在一分钟以上的记忆，它通常能够保持数年，甚至可以保持终生。

长时记忆的形成途径主要有两种，第一种是短时记忆经过不断的复述，进入了长时记忆；第二种是由于印象深刻，一次就形成了长时记忆。

长时记忆构成了我们个体经验积累和心理发展的大前提，对它又可以进行进一步分类。

第一种分类方法，是将长时记忆区分为情景记忆和语义记忆。

情景记忆，有时也被称为情节记忆，指的是与一定的时间、地点及具体情境相联系的事件的记忆。

情景记忆来源于个体本人的亲身经历，因此与个体本人的亲身经历密不可分。对于情景记忆来说，最大的特点在于情景性。也就是说，当个体进行回忆时，他能够回忆起当时的时间、当时的场景，以及当时在场的人等。

在测谎实践中，测谎师经常需要面对的，往往就是被测人的情景记忆。比如，被害人对于事情发生时遭受非法侵害过程的这段描述，其实所使用的就是情景记忆。

但是对于测谎师来说，在对待被测人的情景记忆方面，又必须格外慎重。

这是因为，即使不同的人处在同样的情景，被呈现了同样的事物，经历了同样的事件，他们的情景记忆仍会有所不同。

换句话说，对于情景记忆而言，个体之间是存在着很大差异的。

语义记忆，是指个体对一般知识和规律的记忆。

如前所述，情景记忆往往与特定的时间、地点和情境相联系，这也就决定了情景记忆具有较高的不稳定性，往往会随着时间、地点和情境的变化而发生不同程度的变化。

但是，语义记忆与特定的时间、地点和情境均无关，也正因如此，语义记忆具有较强的稳定性。

比如，个体所记住的化学公式、四算规则、符号概念等，就具有较强的稳定性，它们不会随着时间、地点和情境的变化而发生变化。

第二种分类方法，是将长时记忆区分为程序记忆和陈述记忆。

程序记忆，也被称为操作记忆，是指如何做某件事情的记忆。其中，最典型的程序记忆就是如何骑自行车，还包括如何打台球等。这些程序记忆一旦形成，可以保持终生，而不会被遗忘。

更为重要的一点在于，当个体的某种程序记忆形成后，个体在使用这种程序记忆时，往往并不需要意识的参与。

比如，我们在学会如何骑自行车之后，每次骑自行车时，并不需要有意识地去努力回想，自己究竟应该如何去骑自行车。相反，我们通常在不需要意识努力的情况下，自然而然地对自行车进行操作和使用。

陈述记忆，是指对有关事件的记忆，它可以通过语言的传授而一次性获得。比如，在课堂上，学生可以通过老师的讲解，一次性获得某些陈述记忆。但是，与程序记忆相比，陈述记忆的提取，往往是需要意识的参与的。

尽管如此，我们不应该把程序记忆和陈述记忆割裂开来，而应该看到它们之间的联系。

比如，当我们开始学习游泳时，首先要听老师讲解游泳的基本动作要领和注意事项，此时我们是通过老师的讲解，获得了与游泳有关的陈述记忆。之后，当我们对老师所教的游泳基本动作进行反复练习后，我们掌握了如何游泳的基本技能，此时我们所获得的记忆，就已经从陈述记忆转化为了程序记忆。

第三种分类方法，是将长时记忆区分为外显记忆和内隐记忆。

外显记忆容易理解，就是指在意识的控制下，过去的经验对当前的活动产生的有意识的影响。在我们的绝大多数活动中，使用的均是外显记忆。

内隐记忆则是认知心理学领域的一个研究热点，但在测谎领域，却缺乏相关的研究。

所谓内隐记忆，是指过去的经验对当前的活动产生的无意识的影响。

这么说似乎有些抽象，下面我举一个例子。

在学习英语的过程中，你可能刚刚学习过“book”这个单词，但是你现在却记不起这个单词。然而，这只能说明你对于这个单词已经不具有外显记忆，但你却可能拥有内隐记忆。比如，当呈现“b_ _k”要求你填空时，你会优先选择填入“oo”，从而组成单词“book”。

在对一些遗忘症患者进行的临床研究中，有的曾经接受过电休克治疗的遗忘症患者，尽管他不会记住曾经接受过电击这种事情，但是当医生向他展示那些电击仪器时，患者会认为自己是要被施加电击，从而做出一些行为反应。

这让我们认识到：有些记忆痕迹，虽然我们无法有意识地进行提取，但是它们仍然可以以一种无意识的方式产生作用，从而对我们的思想、决策和行为产生间接的影响。

关于内隐记忆，近几十年来心理学领域已经取得了数量巨大的研究成果。而关于内隐记忆与外显记忆存在的差异，则构成了这些研究成果的重要组成部分。

接下来，简要阐述一下内隐记忆与外显记忆的差异。

第一，外显记忆的个体差异较大，而内隐记忆的个体差异不大。

我们知道，随着年龄的增长，我们的记忆能力应当是逐渐降低的。尤其是当我们步入老年，记忆能力更是出现了显著的下降。

但这是仅限于外显记忆的，老年人的内隐记忆仍然保持相对的完好，并不像外显记忆那样会出现明显的损害。

第二，记忆的加工水平影响外显记忆，却并不影响内隐记忆。

举例来说，如果要求一组人来识别，某个单词中是否存在“M”这个字母，这是一种低加工水平。如果要求另一组人来解释某个单词的具体含义，这是一种高水平加工。那么，对于外显记忆来说，后一组的记忆效果要显著好于前一组的记忆效果。

但是对于内隐记忆来说，两组的记忆效果并没有差别。

第三，注意状态会影响外显记忆，但对内隐记忆的影响却并不明显。

具体来说，当个体的注意状态较差时，他的外显记忆会受到明显的影响，出现显著的下降。这一点我们在日常生活中也会有所体会，即当我们专心致志于一件事情时，记忆的效果会好于三心二意地做好多件事情。

但是对于内隐记忆来说，这种影响却并不明显。

第四，内隐记忆和外显记忆的保持时间不一样。

具体来说，随着时间的推移，外显记忆自然会出现显著的下降，甚至会完全消失。但内隐记忆却能够保持相当长的时间。

心理学家曾通过“再认与残词补全比较实验”发现，外显记忆的成绩在七天以后出现了显著的下降，而内隐记忆的成绩则在七天前后没有显著性差异。

第五，刺激的呈现时间对于外显记忆和内隐记忆的影响不同。

对于外显记忆来说，刺激的呈现时间如果延长，那么记忆的效果将会得到提高。但对于内隐记忆来说，刺激的呈现时间并不会对记忆的效果产生显著的影响。

第六，记忆的负荷量对内隐记忆和外显记忆的影响不同。

具体来说，如果增加识记项目的数量，将降低外显记忆的测验成绩，但是内隐记忆的测试成绩却并不受影响。

第七，干扰对于外显记忆和内隐记忆的影响不同。

具体来说，干扰能够直接削弱外显记忆的成绩，但对内隐记忆的成绩却并没有产生明显的影响。

诚然，许多长时记忆是可以持续终生的记忆，但不可否认的是，大量的长时记忆也确实出现了遗忘。

那么，为何会出现遗忘?

在回答这一问题之前，我们有必要先来弄清楚另一个问题：究竟什么才算是“记忆的遗忘”？

记忆的遗忘，是指对于识记过的内容，既不能进行回忆，也不能进行再认。这里就牵涉两个概念：回忆和再认。

具体到司法心理的实践中，所谓不能进行回忆，举个例子，比如，某案件中的一名被害人，在陈述遭受非法侵害的过程时，记不起究竟自己的头部是如何受的伤。

再比如，某案件中的一名作案人，在供述实施犯罪行为的过程中，回想不起来自己究竟把凶器丢在了什么地方。这些，就是不能进行回忆的具体表现。

而不能进行再认，是指过去见过或者识记过的实物，当再次呈现在我们的面前时，仍然能够辨认出来的过程。与回忆相比，再认显然在难度上要更低一些。

在司法实践中，所谓不能进行再认，在这里举个例子。

比如，我在前文中曾经提到的，某案件中的一名被害人，遭到了嫌疑人的暴力侵害，但当办案人员安排其进行辨认工作时，这名被害人却无法从十几名被辨认人中，正确地认出那名对其实施暴力侵害的嫌疑人。

换句话说，被害人无法再认出那名嫌疑人。

关于我们的记忆为何会出现“不能回忆”和“不能再认”的情况，心理学给出了四种具体的学说。

第一种学说，也是与我们的生活经验最为一致的学说，就是衰退说。

这种学说认为，我们之所以会出现遗忘，原因很简单，就是因为记忆的痕迹得不到强化而逐渐衰弱，直到最后完全消退。

比如，我在之前提到的，在个体的短时记忆没有得到及时有效的复述的情况下，将会以非常快的速度被遗忘。而在现实生活中，我们对此也应当有直观的体会。

第二种学说，是干扰说。

这种学说认为，遗忘之所以会出现，就是因为在学习和回忆之间，受到了其他刺激的干扰。这种干扰主要有两种，一种是前摄抑制，另一种是后摄抑制。

所谓前摄抑制，是指之前学习过的材料，对保持和回忆之后学习的材料的干扰作用。

所谓后摄抑制，是指后来学习过的材料，对之前学习的材料的保持和回忆起到干扰作用。

事实上，我们在日常记忆的过程中，也经常会有这样的体验：当我们在记忆一篇文章时，经常是文章的首尾部分容易记住，而中间部分却常常被遗忘。

这是因为，文章开始的部分只受到了倒摄抑制的影响，文章的结尾部分只受到了前摄抑制的影响，但是文章的中间部分却同时受到了前摄抑制和倒

 摄抑制的影响，所以自然会出现更为严重的遗忘现象。

第三种学说，是压抑说。

这是精神分析学派提出的一种记忆的遗忘学说。该学说认为，我们的记忆之所以会出现遗忘，是由于情绪或动机的压抑作用所引起的。

换句话说，记忆之所以被遗忘，是因为记忆本身所涉及的内容被我们压抑了。所以，如果这种压抑被解除，记忆自然就可以恢复了。

第四种学说，是提取失败说。

这种学说认为，记忆自始至终并没有消失。遗忘之所以发生，不是因为存储在记忆中的信息消失了，而是因为没有找到合适的线索。如果找到了正确的线索，那么所需要的信息就可以顺利地被提取出来。

打个形象的比方，你需要从记忆中提取出来的信息，就像是图书馆里的一本书。这本书自始至终都是被存放在图书馆里的，从来没有丢失过。由于这座图书馆太大了，如果你没有合适的线索，如这本书放在第几排，你就很难找到这本书。

但这并不能否认这本书始终是被存放在图书馆之中的，你没有找到它，只是因为你缺少合适的提取线索而已。

关于提取失败，可以用另一种现象来说明，那就是“舌尖现象”。

舌尖现象是指，想说的或者想用的字词已经到了舌尖，就是说不出来。此时个体如果能得到一个提取线索的提示，很快就能讲出想要讲出的内容。

记忆领域所涉及的相关知识庞大驳杂，远非短短一篇文章可以涵盖。但测谎师必须对“记忆”这一个体基本心理过程引起足够的重视，因为从某种程度上来说，每一名测谎师，都绕不开与被测人的“记忆”打交道。

攻击：别只看表面

测谎师遇到的案件类型，可谓千奇百怪。而在这些千奇百怪的测谎案件中，有一类案件，始终在数量上占据着相当大的比重，那就是伤害类案件。

可以说，每一名测谎师都少不了跟伤害类案件打交道。

一提到伤害类案件，就离不开攻击行为。所谓攻击行为，简单来说，就是个体对他人的敌视、伤害或破坏性的行为。

刑法更多的是从故意和过失的角度来讨论攻击行为，判断个体在实施攻击行为时，究竟是积极追求行为后果的发生，还是放任行为后果的发生，还是无法预见到行为后果的发生。

但犯罪心理学则从另外的角度来研究攻击行为。

从犯罪心理学的角度来看，攻击是可以被分为许多类别的。许多在表面上看起来十分相似的攻击行为，其本质上却有明显的区别。

比如，在前文中，我曾经提到过一个持刀伤害自己母亲的例子。在那个例子中，嫌疑人对其母亲所实施的攻击行为，在犯罪心理学上被称为“移置性攻击”，有时也被称为“转向攻击”。

这种攻击行为的一个重要特点在于，它的攻击对象出现了转移，也就是说，嫌疑人本来应该向造成他挫折的挫折源发起攻击行为，却由于种种原因，将攻击的对象转换成了自己的母亲。也正因如此，嫌疑人的母亲并非嫌疑人攻击的真正目标，而只是充当了一个“替罪羊”的角色而已。

除前文已经提到的转向攻击外，犯罪心理学对攻击行为也进行了系统的分类。

依照攻击的目的来进行分类，犯罪心理学将攻击行为区分为敌对性攻击和工具性攻击。

敌对性攻击，就是以伤害某人为目的的行为，这种攻击行为是受直接伤害某人的动机所驱动的。

比如，某起案件中，被害人与嫌疑人的妻子发生婚外情，并怂恿嫌疑人的妻子与嫌疑人离婚。嫌疑人认为，自己的家庭之所以会破裂，都是因为被害人，于是对被害人产生了强烈的恨意。某日深夜，嫌疑人趁被害人与前妻熟睡之际，潜入两人的卧室，一刀扎进被害人的腹部，造成了被害人的死亡。

在这个例子中，嫌疑人的行为就是典型的敌对性攻击的行为。嫌疑人之所以对被害人实施攻击行为，就是出于对被害人本身的恨意，其攻击的目的也就是伤害被害人，攻击的后果也是直接造成了被害人的死亡。

与敌对性攻击相对的，是工具性攻击。

工具性攻击，是指攻击行为本身，只是攻击者达成目的的工具而已。攻击者之所以实施攻击行为，并不是出于对攻击对象本身的愤怒或恨意。攻击行为在这种情况下，只是攻击者为了达成目标的一种手段而已。

工具性行为在儿童的许多攻击行为中表现得十分明显。比如，有的儿童会殴打其他的孩子，但他的这种攻击行为出现的原因，并不是对其他孩子的恨意或愤怒，攻击行为的目的，也不是让其他儿童感受到痛苦。此时儿童的这种攻击行为，只是他所要达成目的的一种手段和工具而已。

他真正想要追求的目的，其实是得到其他儿童手中好玩的玩具。

简言之，他通过对其他儿童实施攻击行为，得到了其他儿童手中的玩具。

敌意性愤怒和工具性愤怒相比，前者的愤怒程度更高，后者的愤怒程度则明显要低些，有时甚至并没有出现明显的愤怒。

依照攻击的主动性来进行分类，犯罪心理学又将攻击行为区分为反应性攻击和主动性攻击。

反应性攻击，有时也被称为被动性攻击，或者是防卫性攻击。它是个体在面对外部敌意性环境的驱动下发生的，攻击行为的目的在于减少外部威胁。

这种攻击行为往往并不是攻击者自愿的选择，而是在极为被动的情形下做出的攻击行为。

也正因如此，反应性攻击的实施者很多时候会认为，尽管自己实施了攻击行为，但其实自己才是受害者。

相应地，反应性攻击的实施者所体验到的负罪感和内疚感往往也较低。

在我所接触到的案件中，一些做出反应性攻击的行为人甚至在与我谈话的过程中强调：

“我并没有错，他落得这样的下场，那是他活该。”

举个例子，校园霸凌是一个受到全社会关注的问题。一名高中生由于性格内向，平时在与同学交往的过程中也表现得与其他人格格不入，因此慢慢地被其他同学所孤立。隔壁班的三名学生有一次在放学后拦住他，这三名学生的目的不是抢他的钱，也不是跟他有其他方面的矛盾，单纯就是为了取笑和欺侮他，并在这个过程中得到快乐和满足。

于是，几乎每天放学后，这三名学生都会在校门口拦住他，有时嘴里咒骂和取笑他，有时也会对他推推搡搡，拿东西扔他，甚至用脚踹他。但他始终都没有做过反抗，三名学生的欺侮行为也就变本加厉起来。

终于在某一天，当三名学生像往常一样又欺负他时，他毫无预兆地从身上掏出一把小刀，在三名学生都还没有反应过来时，迅速地向其中一个人身上连扎三刀。

这名高中生的攻击行为，就是一种典型的反应性攻击。我们可以看到，他是在受到外界的威胁性刺激后，即受到三名高中生的长期欺侮后，为了消除外在的威胁，而在被逼无奈的情况下实施了攻击行为。

他的确实施了攻击行为，并造成了相应的后果，但这种攻击行为却带有一种强烈的“被动”色彩。甚至许多旁观者在了解到详细情形后，都会对这样的攻击者表现出充分的同情，并在内心默默地盘算：

“如果我是他，在那种情况下，我想我也会像他一样，做出那种反应。”

但反观另外三名高中生的攻击行为，就与反应性攻击存在着本质上的不同。他们的攻击行为，就是主动性攻击。

所谓主动性攻击，是指为了达成某种目的，或者实现对其他人的控制而主动实施的攻击行为。主动性攻击是带有明确目标的，也是个体主观上积极寻求的攻击行为，所以攻击者在实施主动性攻击的过程中，通常不会伴随有负面情绪的出现，甚至有时候会因为实施了攻击行为而感到愉悦。

正如这三名高中生的欺侮行为，他们对另一名高中生的咒骂、推搡、脚踹等行为，其目的在于满足自身的愉悦感和实现对被攻击者的控制。他们非常乐意去实施这些欺侮行为，并非因为他们受到了外在的威胁，而是因为在实施这些欺侮行为的时候，他们在主观上会感到开心和满足。

也正因如此，旁观者通常会对这三名高中生做出这样的评价：

“他们真是一群冷血和自私的人。”

依照攻击行为是否明显可见，攻击行为又可以被区分为外显攻击和内隐攻击。

外显攻击行为自然不必多说，它是指那些当攻击者实施攻击行为时，攻击行为本身会以一种相对明显可见的方式表现出来，如用拳头打击对方的面部，用刀具刺扎他人的腹部等，都属于外显攻击。

但内隐攻击则不一样，它之所以被称作内隐攻击，就是因为当攻击者实施攻击行为时，被攻击者有时甚至都没有意识到攻击行为的存在。

换句话说，此时的攻击行为，是以一种让人不易觉察的方式表现了出来。

先来举几个内隐攻击的例子。

当你要求一名对你心存不满的下属帮你倒一杯水时，他可能会突然失手将杯子打碎。

当你与同事约好在某一个时间点进行聚会时，总会有几位与你关系较差的同事没有任何原因地迟到。

当你反复交代某人去做某事后，他依然忘记了去做这件事情。

也许在这些情境中，你并没有意识到其他人已经对你实施了攻击行为，因为这些攻击行为，的确是以一种非常隐秘的方式表现出来的。

既然攻击行为是以一种让人不易觉察的方式表现出来的，那么我们就需要分析，为什么这种攻击行为要用这样一种相对内隐的方式来呈现。

这其中的原因在于，内隐攻击的出现，往往是由于攻击者与被攻击者双方的不平等，或者是攻击者缺乏向被攻击者进行正常攻击的渠道和能力。

当个体遭遇到攻击时，通常会产生愤怒。个体总是要表达这种愤怒，只不过表达的方式不一样而已。

如果愤怒可以通过正常攻击的渠道表达出来，那么攻击者会采用反驳、对骂甚至拳打脚踢的方式来表达自己的愤怒。

但是，如果愤怒无法通过正常攻击的渠道来进行表达，比如双方的地位存在不平等，那么攻击者只能采用故意将事情搞砸、无原因地迟到等隐蔽的方式来表达攻击。

也正因如此，我们在平日的工作和生活中可能也会有这样的体会：一些人看起来十分和气，好像永远不会生气，但当你跟他在一起工作或生活时，会时常感受到愤怒和烦躁。

这是因为，他其实是在通过内隐攻击的方式，不断地在对你发起攻击，但你却没有觉察到攻击行为已经发生。

依照攻击行为的社会评价，攻击行为又可以被区分为亲社会攻击行为和反社会攻击行为。

亲社会攻击行为，是指社会道德标准所接受的攻击行为，这些攻击行为是以社会所认可的方式进行的。

比如，警察为了维护社会治安的稳定，在抓捕罪犯的过程中会实施一定程度的攻击行为，以确保抓捕过程的顺利进行。再比如，普通民众在面对恐怖分子时，团结一致将其制服，这些攻击行为都是在社会道德所接受的范围内，所采用的方式也是社会所认可的。

但反社会攻击行为则是指社会不认可的攻击行为，也就是社会道德标准给予否定评价的攻击行为。如果攻击者实施了这些攻击行为，甚至造成了相当程度的严重后果，就会受到相应的惩罚。

记忆变化："幽灵战争"

在了解一件事情的来龙去脉时，有一项重要信息，是测谎师必须核实的：从事情发生，到接受测谎，这中间到底间隔了多长时间？

我们都知道，记忆不仅仅会遗忘，还会随着时间的推移，逐渐发生变化。换句话说，记忆不仅会流失，还会发酵。

那么，随着时间的推移，记忆究竟是如何一步步地发生变化的？

在这一部分，我们用巴特利特的"幽灵战争"实验，来回答这一问题。

"幽灵战争"，是心理学家巴特利特主持的一项实验。在这项实验中，他让一些读者阅读一则关于"幽灵战争"的故事，这则故事是印第安的民间故事。

在阅读完这则故事后，他要求这些读者努力回忆，并重新复述这个故事。

下面，是巴特利特使用的这则故事本来的样子。

一天晚上，有两个从依古拉来的青年男子到河里抓海豹。当时，天空雾气很大，非常平静。然后，他们听到了战争的喊杀声。他们想，也许是有人在打仗。他们逃到岸边，躲在了一根木头的后面。就在这时，出现了几艘独木舟，他们听到了摇桨的声音，他们看到有一艘独木舟向他们驶了过来，独木舟上坐了五个人。那些人问："我们想带你们一起到河上游去跟敌人打仗，你们觉得如何？"

其中一个年轻人说："我没有箭。"

那些人说："箭就在船上。"

这个年轻人说："我不跟你们去，因为我可能会被杀死。我的亲戚朋友都不知道我去那里。"

他转向另一个人说："不过你可以跟他们一起去。"

于是，一个年轻人跟那些人走了，另一个年轻人回家了。

战士们沿河而上，到达卡拉马另一端的一个村庄。村庄的人涉水而来，开始了战斗，许多人都被杀死了。就在这时，这个年轻人听到其中一个战士说："快，我们回家！那个印第安人被打死了。"这时年轻人想："哦，他们都是幽灵。"他并没有感到任何的不适，但他们却说他被射死了。

于是这些独木舟回到了依古拉。这个年轻人上岸后回了家，并且点起了炉火。他告诉所有的人说："看！我跟这些幽灵一起去打仗。同伴中有许多被杀死了，攻击我们的敌人也死了不少。他们说我被箭射中了，但我并没有感到任何的不适。"

他讲完这些话之后，安静了下来。当太阳升起的时候，他倒在了地上。有黑色的东西从他的嘴里流出来。他的脸扭曲变形。人们跳起来，大声惊叫。

他死了。

这则故事乍看之下，有点摸不着头脑，但读者如果能够仔细阅读几遍，也应当完全能够理解这则故事的内容。

如果再进一步探究，为何这则故事对我们来说理解起来有些难度，主要有两个原因：

一是，这则故事牵涉印第安文化，而我们对于这些文化和习俗并不了解，所以在理解上会出现一些困难。

二是，这则故事中有这样一段话："就在这时，这个年轻人听到其中一个战士说：'快，我们回家！那个印第安人被打死了。'这时年轻人想：'哦，他们都是幽灵。'"这段话的出现，在逻辑上是有些突然的，似乎中间缺少了一些过渡和衔接。

接下来，我们来看一下，这项实验中的一位读者在刚刚看完这则故事后，是如何回忆这则故事的内容的：

傍晚，他回到自己的小屋，跟朋友们说，他自己去战斗了，现在回来了。他说，很多人被杀了，虽然我也中箭受了伤，但是我并没有感到疼痛。朋友们说，他肯定是与幽灵打的仗。他觉得这件事确实很奇怪。

可是到了早晨，他得了病，他的朋友聚在他的周围。他倒下了，脸色很苍白，接着又挣扎又尖叫，他的朋友也非常害怕。他终于不再动弹了，他的嘴里流出了黑色的东西，他扭动了一下身体，躺在那里，死了。

即便是马上进行回忆，许多内容也已经发生了变化。除一些表述方式上的细小变化外，我们可以发现两个明显的变化。

第一，之前所提到的那段比较突兀的话，在这次回忆中变得更加容易理解，变成了他诉说自己中箭但没有觉得疼，他的朋友告诉他，他肯定是跟幽灵打仗了。

这一处变化揭示了记忆变化中的第一个特点，那就是“让不合理的部分逐渐变得合理化”。

具体来说，我们在记忆的过程中，会努力使得自身的记忆变得合理起来。连自己都觉得不合理或不理解的记忆，个体自身是很难接受的。

因此，我们会有意无意地对一些难以理解或不合理的内容进行加工，从而形成了相对容易理解的记忆内容。

这一点对于测谎师来说，需要引起充分注意。

举个例子。

一名证人目击了某商铺内发生的一起案件。

这名证人陈述：

“那天我骑自行车去菜市场买菜，买完菜后，我推着自行车往回走。我走过那家手机店门口时，无意间往里面看了一眼，就看到一个男的背对着我，正靠着柜台站着。突然那个男的拿起柜台上的一个手机，转过身来就跑出去了，然后我就听到店里有人喊，好像是喊‘抓小偷’。”

但事实上，这名证人并没有真正看清楚这名男子拿起柜台上的手机，然后跑出了手机店。

证人所看到的，其实是这名男子先是靠着柜台站着，然后突然毫无预兆地跑出了手机店，紧接着店员就追了出来。

然而，如果一名顾客突然毫无预兆地跑出商店，而店员又紧追不舍，这又是非常不合情理的。

所以，证人在形成这段记忆的过程中，不自觉地对记忆进行了合理化的改变和加工，最终形成的记忆内容为这名男子是因为趁店员不在抢走了手机，所以才急忙往商店外跑。店员也是因为他抢走了手机，于是才对他紧追不舍。

经过这一步的加工后，证人的记忆就变得合理多了，证人也变得更加愿意相信自己的记忆。

这就需要测谎师在与被测人的谈话过程中，一定要详细地向被测人核实，究竟哪些是他亲眼看见的画面，哪些又是他猜测和主观推理出的内容，并告知被测人：即使被测人的记忆中，有许多是连被测人自己都难以理解的内容，也要将这些记忆如实地告知测谎师。哪怕，连被测人自己都很难去相信和解释这些记忆。

第二，之前提到的那名年轻人死亡的过程，虽然细想起来十分恐怖，但是描述得十分平淡，只是说："他的嘴里流出了黑色的东西……他死了。"

而在这位读者马上进行的回忆中，那名年轻人死亡的过程，明显变得生动了很多，表述成了"他倒下了，脸色很苍白"，并且出现了他"又挣扎又尖叫"和"他的朋友也非常害怕"。甚至，在最后还加上了一句"他扭动了一下身体"，使得整个死亡过程变得十分生动和形象。

事实上，与故事的原文相比，读者在阅读后马上进行的回忆，已经与原文的内容有很大的不同。

但不可否认的是，最明显的变化在于：故事变得更简单易懂了。

下面我们再来看一下，实验中的这位读者，在时隔两个月后，是如何重新回忆这则故事的：

傍晚，他回来了。他跟朋友讲，自己参加了一场大战，双方都死了很多人。

他生了火，就在地上睡着了，早晨，他生了病，邻居们都来看他。他对邻居们讲，自己在战斗中受了伤，但是一点也没感觉到疼。可是，他的病情很快恶化了。他扭动着身体，惨叫一声，倒地而死，嘴里流出了黑色的东西。

邻居们说，他肯定跟幽灵打过仗。

时隔两个月的回忆，故事已经变得更加简单了。并且把“邻居们说，他肯定跟幽灵打过仗”放在了整个故事的最后部分，更容易理解。

但我们同时也要看到，尽管这则故事变得更加简单了，但故事的主核和框架并没有丢失，即“跟幽灵打过仗”这件事情始终没有被省略。

最后，我们来看一下实验中的读者在时隔两年多以后的回忆：

傍晚，他被朋友们带回来了。天快要黑时，他的病情恶化了，于是村民们聚集在他的周围。日落时，他在呻吟着。他的嘴里流出了黑色的东西。他死了。

终于，在时隔两年多后，读者连故事的框架也已经忘记了。“幽灵战争”也终于在这则故事中完全消失了。

这就是巴特利特的“幽灵战争”实验。

我们也许会认为，即使我们的记忆会出现遗忘，那也只是对一些无关紧要的细节的遗忘。

但在巴特利特的“幽灵战争”实验中，我们可以看到，我们完全可能连整个事件的主核和框架都忘掉。

也正因如此，测谎师在对被测人进行正式的测谎之前，必须考虑的因素之一，就是从事情发生到接受测谎，这中间到底间隔了多长时间。一方面，测谎师需要充分考虑，间隔时间过长，可能会导致被测人的记忆出现什么样的变化；另一方面，在撰写测谎报告的过程中，测谎师也需要依据从事情发生到接受测谎之间的间隔时间的长短，来注明被测人的心理状态等级，确保鉴定报告的严谨性。

误导信息：错误证言的一种成因

我们从一个“汽车碰撞”实验说起。

实验者将被试分为两组，让他们一起观看一段录像，而这段录像的内容，就是一场汽车相撞造成的意外事故。

观看完录像后，实验者询问第一组被试：

“按照你们的估计，当两辆车碰撞时，汽车时速大约是多少英里呢？”

然后，实验者询问另一组被试：

“按照你们的估计，当两辆车撞毁时，汽车时速大约是多少英里呢？”

换言之，对两组被试询问的问题，除“碰撞”和“撞毁”这两个词存在差异外，其余对问题的表述全部相同。

既然两组被试观看的都是同一段录像，那么对汽车时速的判断，应该不会存在明显的差异。

但结果却让人意外，当被试被问到两辆车“碰撞”时的时速，他们估计的汽车时速为 34 英里。

而当被试被问到两辆车“撞毁”时的时速，他们估计的汽车时速为 41 英里。

更有意思的事情还在后面。

一周后，实验者再次让所有的被试都回到实验室。这次，实验者向所有的被试询问了同一个问题：

“根据你们的记忆，请告诉我，上次录像里的那场交通事故，现场是否有撞碎的玻璃？”

这次实验的结果发现，在之前被询问“碰撞”时的汽车时速的被试中，有14%的人认为，当时现场有撞碎了的玻璃。而在之前被询问“撞毁”时的汽车时速的被试中，却有32%的人认为，当时现场有撞碎了的玻璃。

事实上，录像中的现场，根本就没有碎玻璃。

仅仅是询问问题中的一个词发生了微妙的变化，就使得个体的记忆出现了巨大的偏差。并且，随着时间的流逝，这种偏差也在逐渐地被放大。

这种由误导信息造成的错误记忆，在心理学上被称为“误导信息效应”。

这应当引起我们足够的重视，因为如此微弱的误导信息，就已经造成了个体的记忆内容出现了明显偏差。那么，在各种误导信息更为复杂的司法情境中，目击者的记忆，又如何能做到完全可靠?

更为严峻的一点在于，我们知道，现实中的目击证人，当他目击了重要性事件后，不可避免地会在事后接触到各类误导信息。

对于一些较为明显的误导信息，目击证人的记忆也许还能有意识地进行拒绝。但如果这些误导信息像上述实验中的那样隐蔽，目击证人往往也会在不知不觉中受到暗示和影响，从而使自己的记忆出现错误。

我们可能会认为，当这种误导信息出现时，我们的记忆应当有能力拒绝它。

但现实是，这些误导信息，经常是以一种不易察觉的方式，渗透进我们的记忆。

比如，简单的重复询问，都可能使目击证人的证词发生变化。

“他中途离开过吗？”

“我再问你一遍，他中途离开过吗？”

“你好好想想，他中途离开过吗？”

……

即使证人最初的记忆十分清晰，回答也十分肯定，但当他受到反复的询问时，他也会明白，自己的证言已经被询问者怀疑。

此时，无论是证人主动改变证言以迎合询问者的意愿，还是被动怀疑自己之前记忆的准确性，都会造成错误记忆的出现。

更令人惊讶的在于：有时候，这种误导信息甚至没有通过言语表达，就已经发生了作用。

比如，这种误导信息，有时仅仅是一种氛围。

心理学上有这样一个实验。实验者带领一些人参观了某大学的图书馆。参观结束后一段时间，实验者对每个人进行单独的询问。

在询问前，实验者故意营造了一种紧张的氛围，让这些人认为，他们在参观图书馆的过程中，实际上充满了危险。

结果，在后来的个人报告中，有的人提到，在参观过程中，有人偷窥了他；还有的人提到，在参观过程中，自己曾经遭到了其他人的侵犯。

仅仅是营造了一种氛围，就导致了错误记忆的出现。而如果这些误导信息足够强大，强大到可以完全歪曲目击证人的记忆，就会出现一种程度更高的错误记忆，那就是“植入记忆”。

我们也许曾经听说过这样一些类似的事件：有的儿童在经过谈话者对其进行记忆植入后，从最开始的否认，到后来慢慢承认自己的父母曾经对自己进行过暴力虐待，并进一步描述出了遭受暴力虐待时的具体场景和细节信息。

而事实上，这些暴力虐待的情形根本就不存在，这只是谈话者给儿童植入的记忆而已。

诚然，在心理咨询领域，咨询师通过对一些求助者植入虚假记忆，可以帮助其改变一些不良的行为，起到相应的治疗效果。

但是，在司法情境中，如果个体的头脑中被植入了虚假记忆，那么从查

 明案件事实的角度来看，这无疑是致命的。

思考：读书有什么用?

在中国，一名犯罪心理学的科班生，他的学习经历大致会是这样的。

大学一年级，他开始学习心理学学科内的基本概念。这个阶段他对心理学是什么、心理学可以做什么也许并不清楚，只是大致觉得心理学里的很多现象很有意思，偶尔会根据书上的心理学名词将自己对号入座，跟朋友聊天时也多了一些谈资。“投射”“潜意识”等词频繁地从自己口中说出，并不断地会遇到亲朋好友向自己提出“你知道我在想什么吗”“你觉得我心理有病吗”之类的问题。

大学二年级，他开始学习人格心理学、认知心理学、发展心理学、生理心理学、越轨社会学、司法心理学、教育心理学等专门科目。这个阶段，他开始了解到心理学的一些重要理论和在各领域中的应用。弗洛伊德、荣格、阿德勒、华生、斯金纳、班杜拉、马斯洛、皮亚杰这些心理学领域的大人物会频繁地出现在课堂上。他会尝试着去找来一些心理学的经典著作开始研读，《梦的解析》《行为主义者眼中的心理学》《动机和人格》等书籍开始出现在他的书桌上。

大学三四年级，他可能开始学习心理统计学、实验心理学、心理测量学这些心理学领域的工具学科。这个阶段他学会了如何用心理学的思维进行科学的实验研究，如何用心理学的方法处理纷繁复杂的实验数据。他开始整日和各类数据打交道，深陷在各种统计方法中一头雾水，认真地思索如何编制各类专业量表，偶尔也会产生诸如“心理学真是枯燥之极”之类的想法。

到了研究生阶段，他可能开始以专题的形式进一步学习犯罪心理、司法心理、犯罪矫正、越轨心理，以及诸如证人证言、事件相关电位（ERP）研究、成瘾行为等专题课程。这一阶段的课程在内容上与本科阶段相比，在深度上更深，在广度上更广，在专业性上更专，在前沿性上更新。

一方面，通过参与各种各样的科研项目，他对于如何独立承担一项犯罪心理学实证研究有了更为系统的认识，在本科阶段学到的各种研究方法也有了得到实践的机会。

另一方面，他开始对犯罪人有了一个更为全面的认识，开始逐渐学会如何从犯罪心理学的角度，用犯罪心理学的思维框架对犯罪人的心理进行剖析。但是这种认识有时也会是一种书面上和想象中的认识，因为他并没有与很多真正的犯罪人打过交道。

鉴于此，他应当会经常到监狱与在押犯进行访谈，从而对犯罪人的心理有一个更为全面和直观的认识。同时，为了能够了解在侦查阶段和审判阶段，犯罪人真正的犯罪心理究竟是怎样的，他应当会主动选择到公检法机关进行一段时间的实习，从而有机会亲身参与案件的实际办理。

测谎，是犯罪心理学在司法领域的一项非常重要的实践应用。

那么，接受系统的心理学专业教育，对于测谎师来说，究竟有什么帮助？

这个问题很难回答。如果非要回答，主要体现在两个方面，一是理论知识方面，二是思维方式方面。

理论知识方面，让一名测谎师能更好地把握各个心理变量的特征，理解各种心理活动的发生过程和规律，捕捉各种情绪情感的出现和变化。

举个例子，被测人皮肤电指标的变化，是测谎过程中测谎师需要重点关注的一个生理指标。人格心理学讲到，每个人的人格是不同的，而不同的人格也会导致个体在生理指标的强度、灵敏度等方面出现差别。

这导致不同人格的被测人在皮肤电的反应特征上，将会出现一定的差异。

因此，测谎师在对被测人进行正式测谎之前，应当有意识地结合手头已经收集到的所有相关信息，以及与被测人在测前阶段的谈话，来大致确定被测人的人格类型，从而为正确把握和识别图谱中的异常反应提供借鉴。

再举个例子。

情绪，是心理学学习过程中的一个重点。有的学者认为，惊讶不属于情绪，因为它只是一种情绪的过渡状态。除此以外，惊讶出现的时间短暂性，也是心理学领域耳熟能详的知识。

正因如此，当一名系统学习过心理学知识的测谎师，在遇见被测人表现出惊讶表情时，他会一言不发，静静地看着对方。

真正的惊讶，在短暂的惊讶后，就会迅速地进入另一种情绪，或者是愤怒，或者是难过，或者是其他。

因为惊讶只是一种短暂的过渡状态。

而面对那些始终睁大眼睛、张大嘴巴，犹如时间静止一般的被测人，测谎师自然会敏锐地捕捉到这样一个信息，那就是，对于这件事情，被测人早已心知肚明。惊讶的表情，只是伪装出来的而已。

正因为这种惊讶的表情是伪装出来的，所以他无法很自然地过渡到惊讶后的下一种情绪，因此只能停留在惊讶的表情上不知所措。

思维方式方面，让测谎师能够从心理学实验的角度来看待测谎，以一名主试的身份更好地主持测谎这一个心理学实验。

在设计这个心理学实验的过程中，系统进行过心理学学习的测谎师，能够选择最为恰当的方式对刺激进行设置和呈现，并能够灵活运用实验心理学中的各种消除误差的方法，将测谎这一心理学实验中的各类随机误差和系统误差，进行最大程度的控制和消除。同时，他也能够从心理学的视角，对整个测谎过程中获得的数据进行精确的处理和分析，以确保最终的测谎结论不会出现偏差。

举个例子，在测谎的过程中，为了确保结果的准确性，对于每一套测谎题目，测谎师都会对被测人进行三遍测试。

但是，测谎师在每发问一遍时，测试题目的顺序都会进行改变，而并非一成不变的。

这一做法，实际就是来源于实验心理学中的一种消除误差的实验控制的方法。

每一个发问的问题，都是这个心理学实验中的“刺激变量”。实验心理学中明确提到，对于刺激变量而言，呈现的顺序必须按一定方式进行变化，否则就会出现两种心理学实验中经常会出现的误差效应：期望效应和练习效应。

而在这两种效应之中，期望效应尤其会对测谎的准确度产生明显影响。

期望效应，是指尽管心理学实验中的某个自变量还没有对被试进行呈现，但由于每次自变量的呈现顺序都是固定的，所以被试提前预见到了该自变量即将出现，从而提前出现了相应的变化。

具体到测谎中，简单而言，就是尽管测谎师还没有发问，但被测人已经预判到了测谎师马上将要发问的问题。

究其原因，测谎师在对某关键性案件情节进行多遍核实的过程中，并没有改变测试题目的发问顺序，导致被测人提前预见到了接下来将要发问的问题，从而在该问题发问之前，就提前出现了相应的生理指标的反应变化。

这无疑将对最终测谎结果的准确性，产生很大的影响。

也正因如此，熟练掌握实验心理学研究方法的测谎师，能够在每次向被测人发问时，合理地重新编排发问问题的顺序，从而将期望效应带来的误差降到最低。

需要补充的是，在一些情况下，测谎师在使用一些特定类型的测谎范式时，也可以选择始终不改变发问问题的顺序。

在这种情况下之所以选择不改变发问问题的顺序，是因为测谎师想要通过这种不改变问题发问顺序的方式，去发现被测人在回答各问题时生理指标变化的整体趋势。

但不可否认的是，这种情况下，仍然不可避免地会出现期望效应带来的误差。

最后需要强调的是，不论测谎师是否接受过系统的心理学专业教育，如果他不能把这些理论知识和思维方式转换到测谎实践中，并进行有效的应用，那就是白学了。

图书在版编目（CIP）数据

解剖谎言：测谎师办案手记 / 张坤著．—北京：中国法制出版社，2019.4（2023.3 重印）

ISBN 978-7-5216-0064-3

Ⅰ.①解… Ⅱ.①张… Ⅲ.①测谎 Ⅳ.① D918

中国版本图书馆 CIP 数据核字（2019）第 042160 号

策划编辑 / 责任编辑：吕静云（lvjingyun0328@sina.com） 封面设计：汪要军

解剖谎言：测谎师办案手记

JIEPOU HUANGYAN：CEHUANGSHI BAN'AN SHOUJI

著者 / 张坤

经销 / 新华书店

印刷 / 三河市紫恒印装有限公司

开本 / 710 毫米 ×1000 毫米 16 开 印张 / 17.75 字数 / 245 千

版次 / 2019 年 4 月第 1 版 2023 年 3 月第 5 次印刷

中国法制出版社出版

书号 ISBN 978-7-5216-0064-3 定价：49.80 元

值班电话：010-66026508

北京西单横二条 2 号 邮政编码 100031 传真：010-66031119

网址：http://www.zgfzs.com **编辑部电话：010-66054911**

市场营销部电话：010-66033393 **邮购部电话：010-66033288**

（如有印装质量问题，请与本社印务部联系调换。电话：010-66032926）